متجر واحة الحكايات

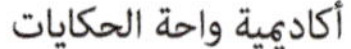

أكاديمية واحة الحكايات

كتـــابي الأول

تطبيقات لغوية... ما قبل الروضة

ترتيب وتقسيم واحة الحكايات للحروف العربية:

* تم ترتيب الحروف العربية ترتيبا جديدا: (أ ن ب ر و هـ ز ... غ) وهو ترتيب خاص بواحة الحكايات، ومستوحى من الترتيب الأبجدي: (أ ب ج د هـ و ز ... غ).

* تم تقسيم الحروف (28 حرفا) إلى 7 مجموعات (كل مجموعة 4 حروف).

* تم اختيار الحروف الأربعة في كل مجموعة على أساس:

سهولة التمييز فيما بينها من ناحية الشكل والنقاط على الحرف، وذلك تمهيدا لتقديم ومراجعة كل 4 حروف و 4 قصص في فترة زمنية متقاربة.

كما تم اختيار بعض الحروف من الكلمات الأكثر شيوعا في مرحلة الروضة والصف الأول مثل: (أنا، هـو، هي، هنا، هناك، كان، لا، لي، لعب، رسم)، وأيضا اختيار الحروف الأكثر استعمالا في اللغة العربية، ووضعها في مكان متقدم من ترتيب واحة الحكايات.

الاستعداد للكتابة

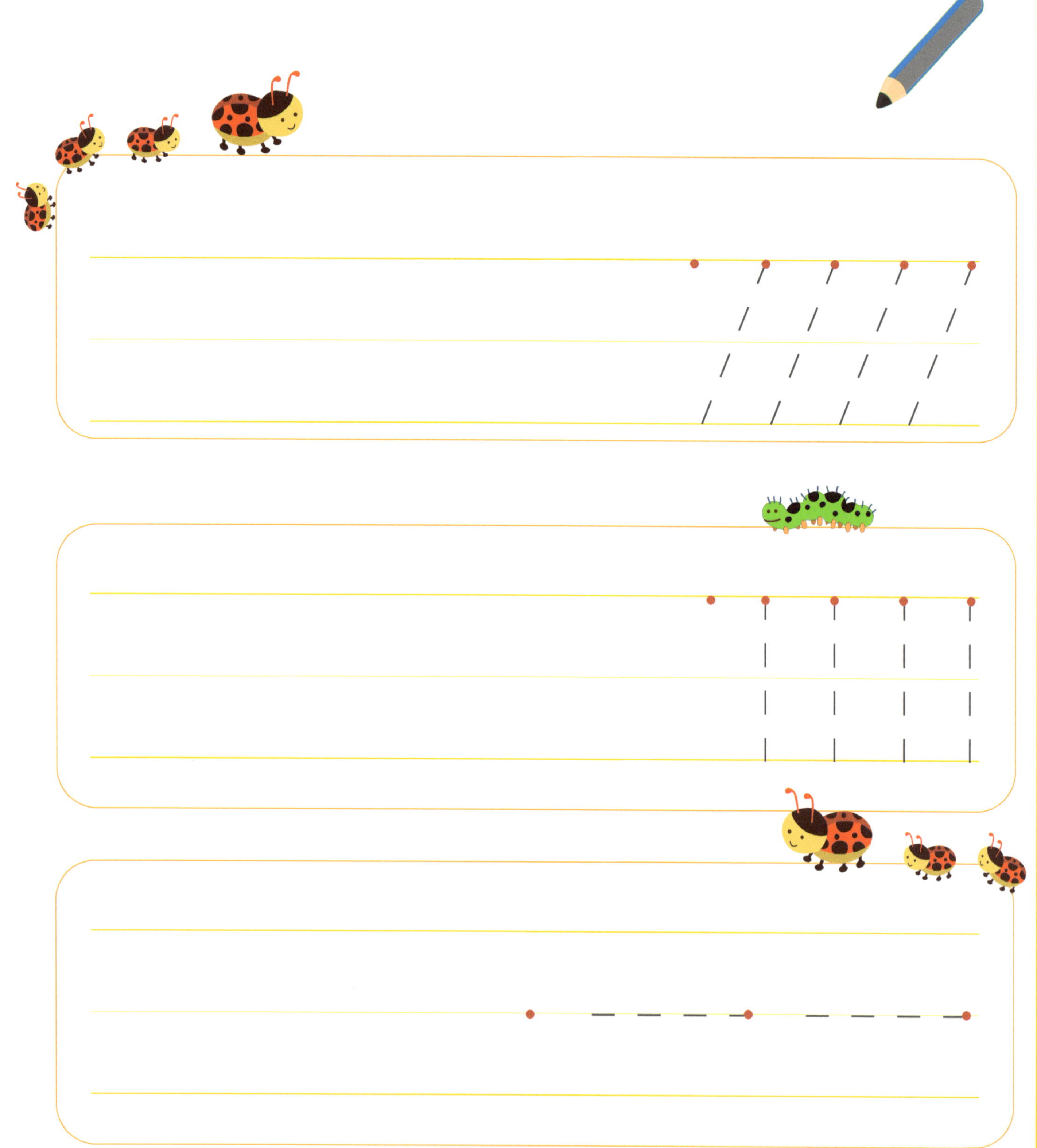

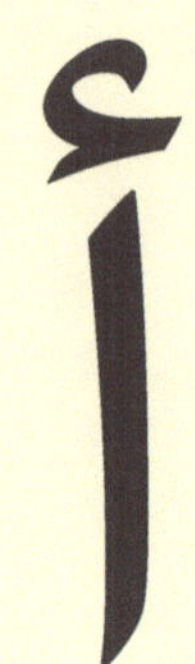

ألوِّنُ الدائِرَةَ الَّتي تَحْتَوي عَلى الحرْفِ أ :

أَكْتُبُ مُحاكِيًا النَّموذَجَ مُراعِيًا اتِّجاهَ السَّهْم:

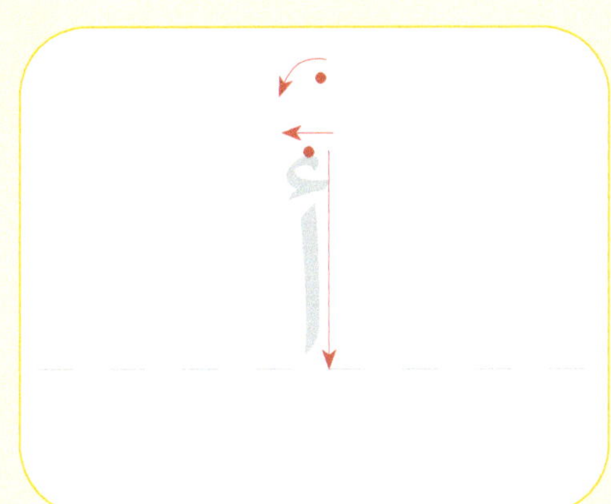

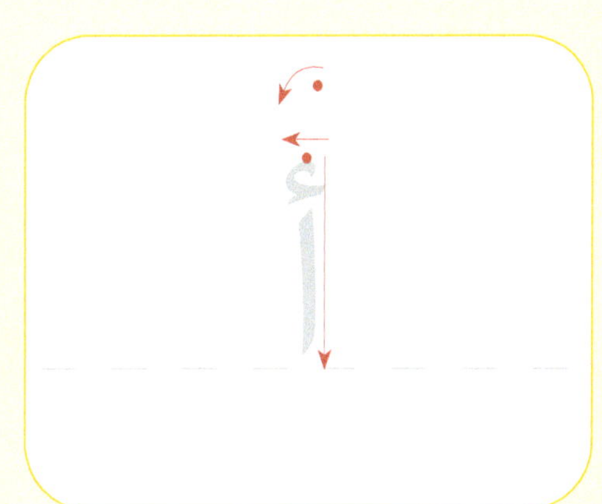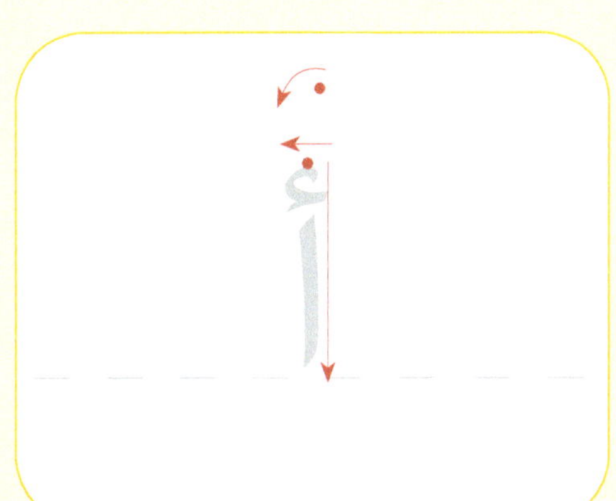

أَلْوان

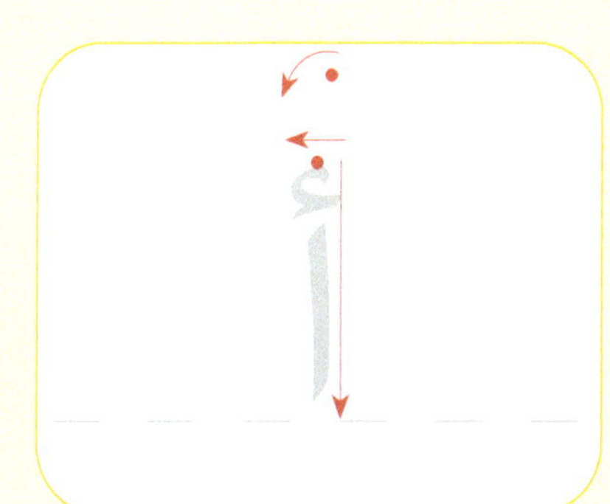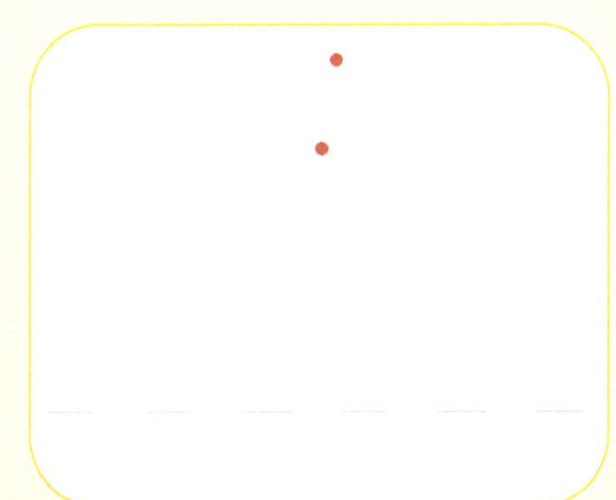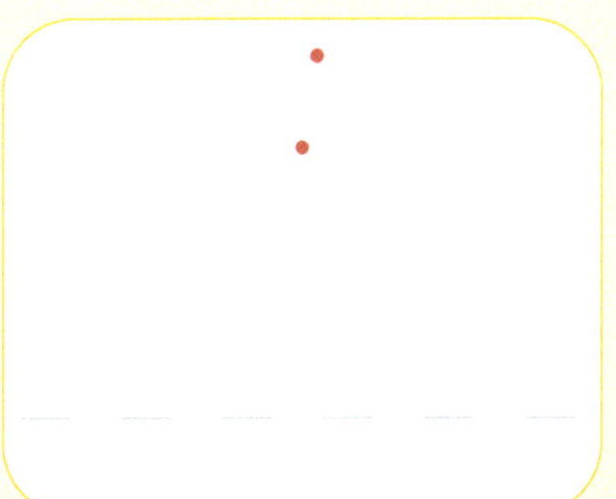

ن

 أَلَوِّنُ الدائِرةَ الَّتي تَحْتَوي عَلى الحرْفِ ن :

أَكْتُبُ مُحاكِيًا النَّموذَجَ مُراعِيًا اتِّجاهَ السَّهْمِ:

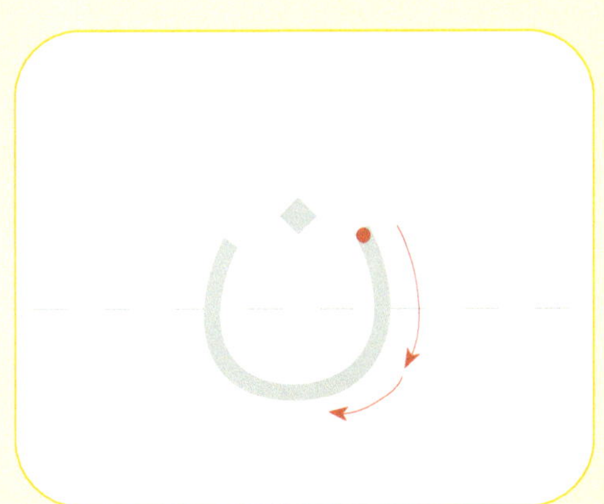

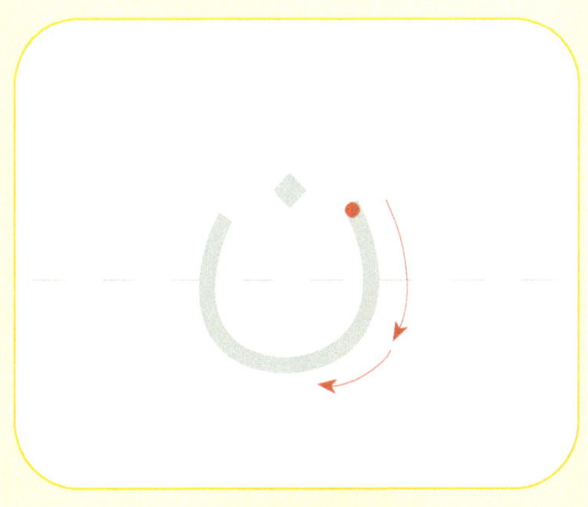
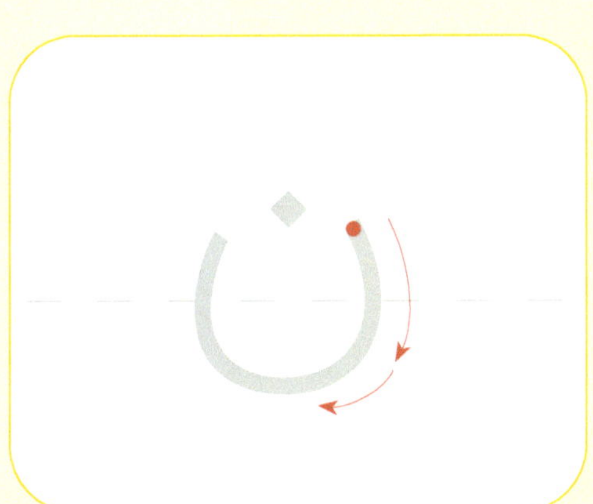

نَمِر

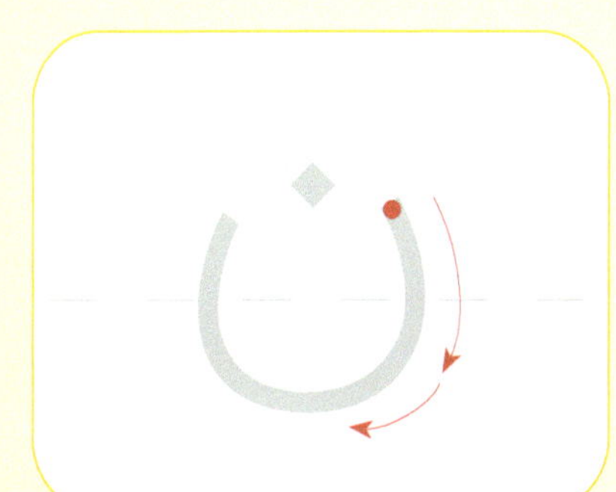
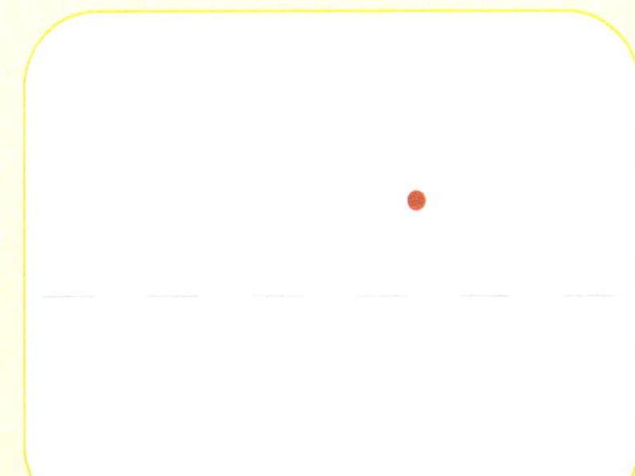
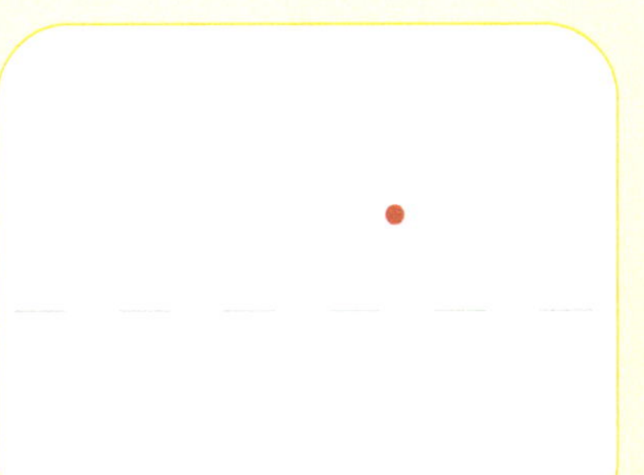

ب

ألوِّنُ الدائرَةَ الَّتي تَحْتَوي عَلى الحرْفِ ب :

أَكْتُبُ مُحاكِيًا النَّموذَجَ مُراعِيًا اتِّجاهَ السَّهْم:

بَبَّغاء

ر

 ألوِّنُ الدائِرةَ الَّتي تَحْتَوي عَلى الحرْفِ ر :

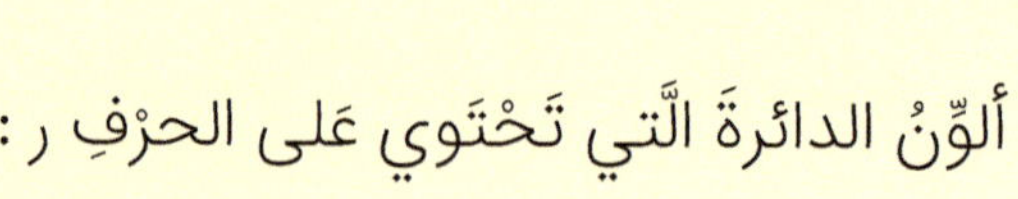

أَكْتُبُ مُحاكِيًا النَّموذَجَ مُراعِيًا اتِّجاهَ السَّهْم:

رِيشَة

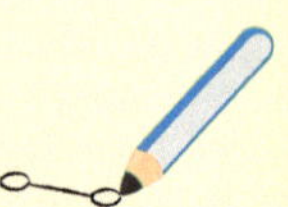 أَصِلُ الحُروفَ الـمُتَشابِهَةَ ثم أُلون :    

 ر	 أ
 ن	 ن
 ب	 ر
 أ	 ب

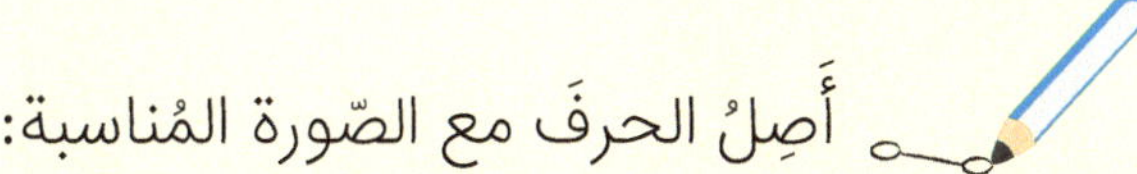

أَصِلُ الحرفَ مع الصّورة المُناسبة:

 ألوّنُ الدائرةَ الَّتي تَحْتَوي عَلى الحرْفِ و :

أ

و

ل

و

و

أَكْتُبُ مُحاكِيًا النَّموذَجَ مُراعِيًا اتِّجاهَ السَّهْمِ:

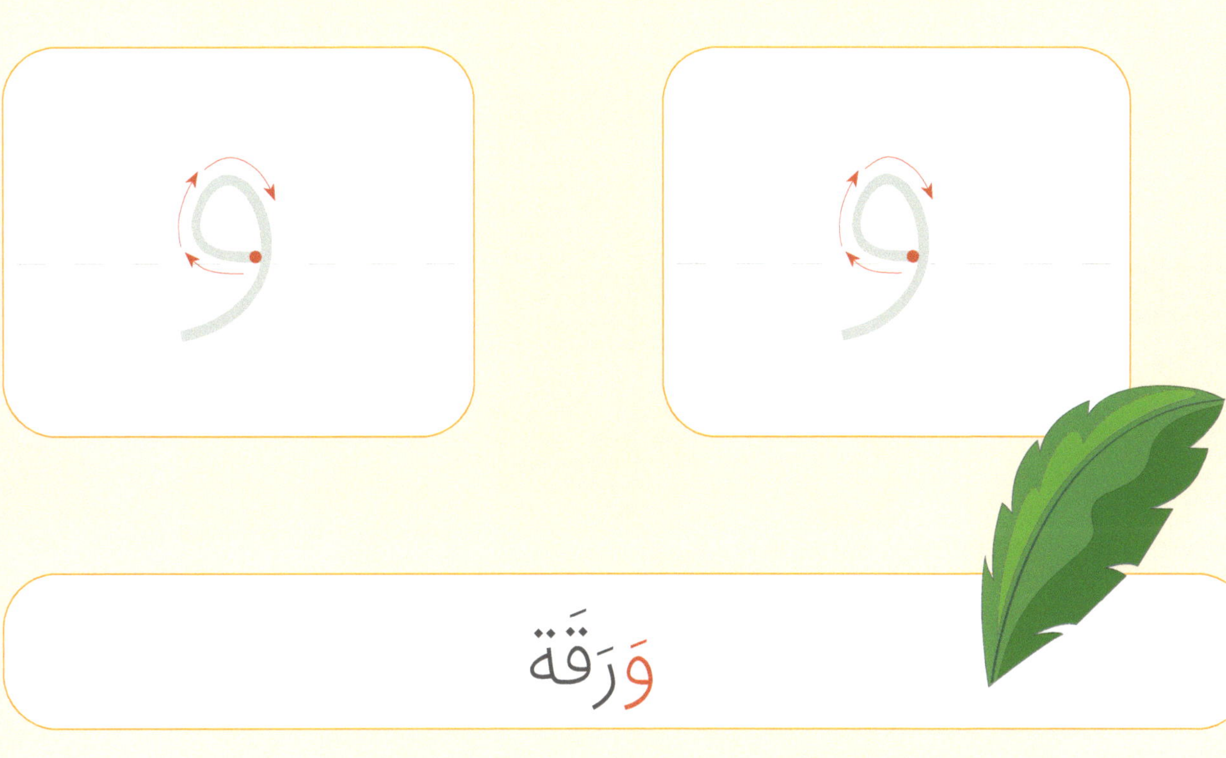

وَرَقَة

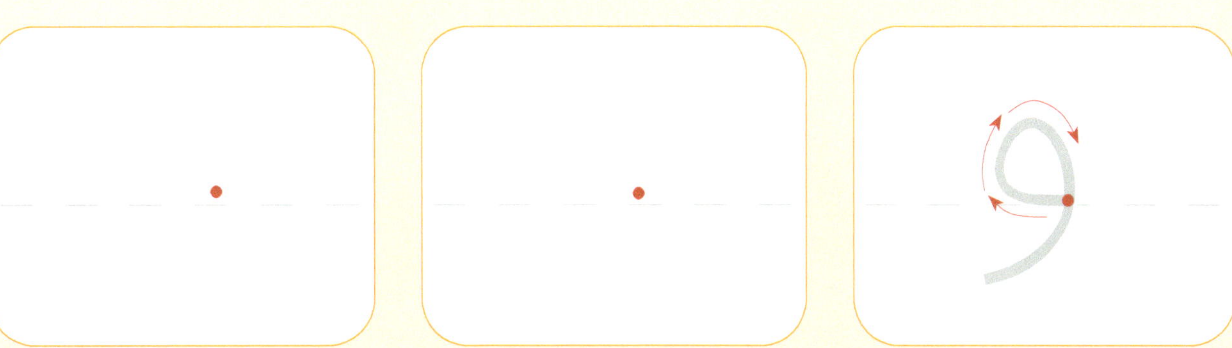

 ألوِّنُ الدائرةَ الَّتي تَحْتَوي عَلى الحَرْفِ هـ :

ح

هـ

هـ

ط

هـ

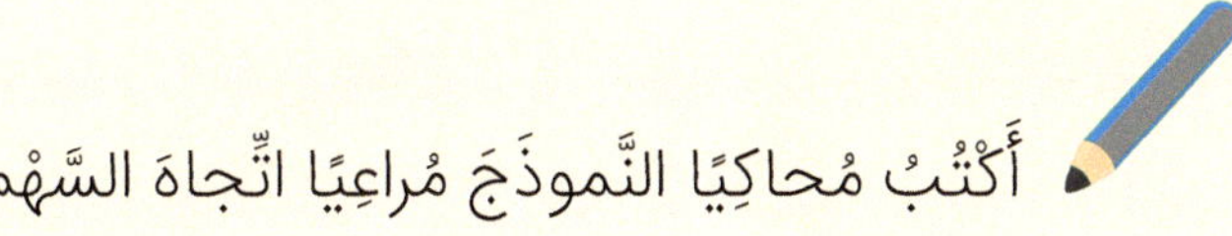

أَكْتُبُ مُحاكِيًا النَّموذَجَ مُراعِيًا اتِّجاهَ السَّهْمِ:

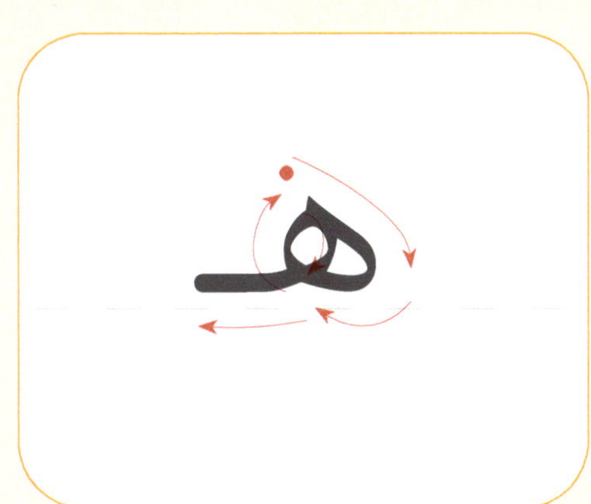
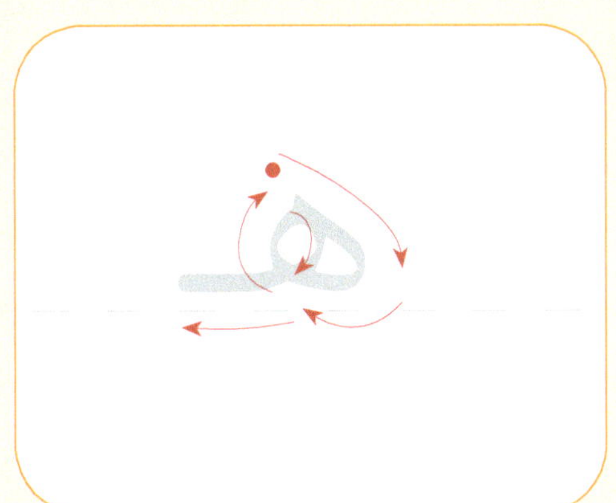

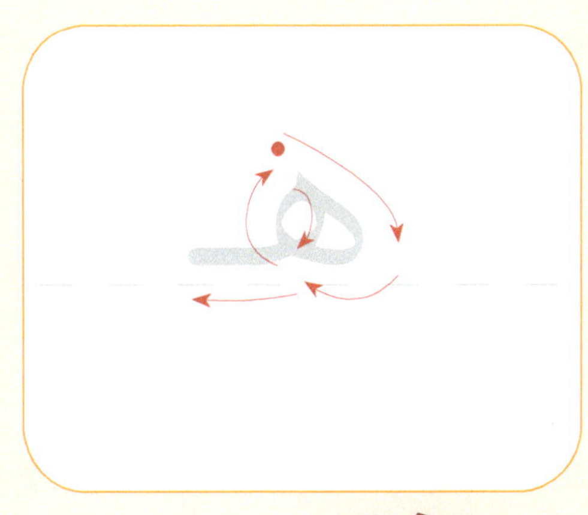
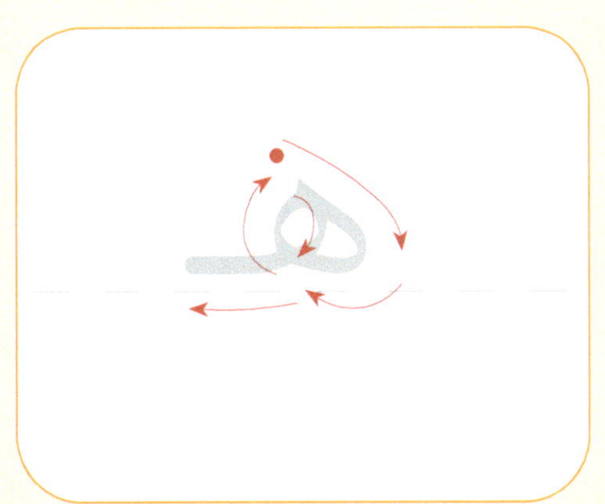

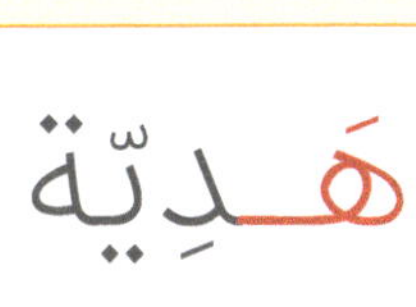

هَـدِيّة

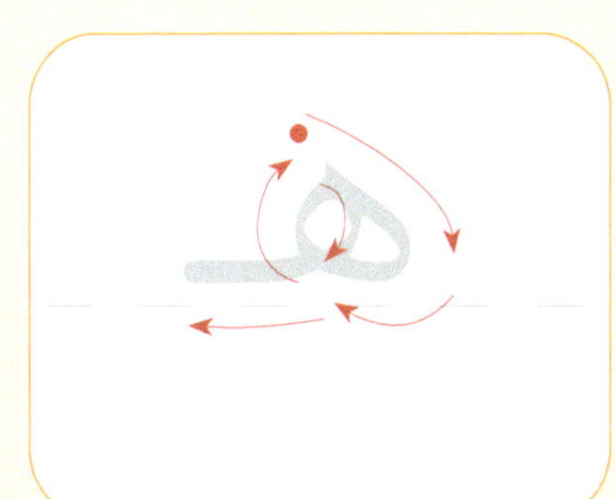
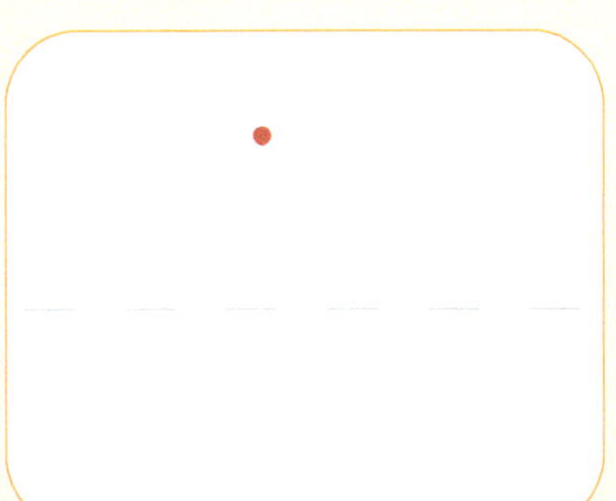
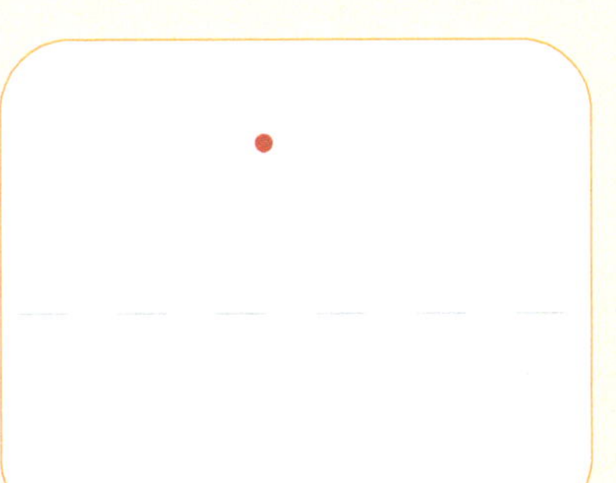

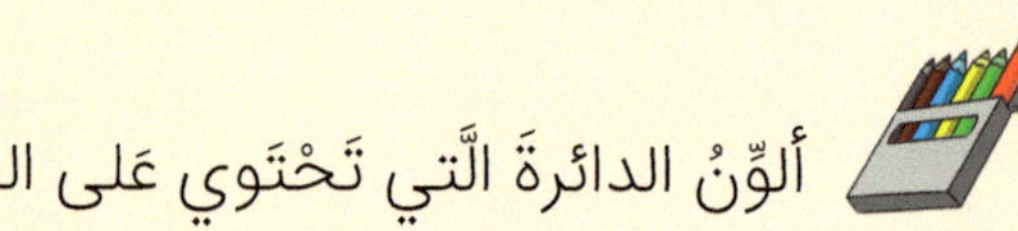

أَلَوِّنُ الدّائِرَةَ الَّتي تَحْتَوي عَلى الحَرْفِ ز :

أَكْتُبُ مُحاكِيًا النَّموذَجَ مُراعِيًا اتِّجاهَ السَّهْمِ:

زُهور

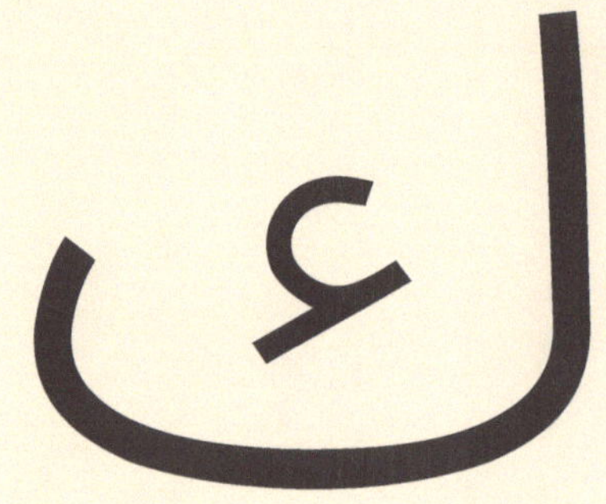

ل ع

ألوّنُ الدائرةَ الَّتي تَحْتَوي عَلى الحرْفِ ك :

ك   ب

ك   و   ك

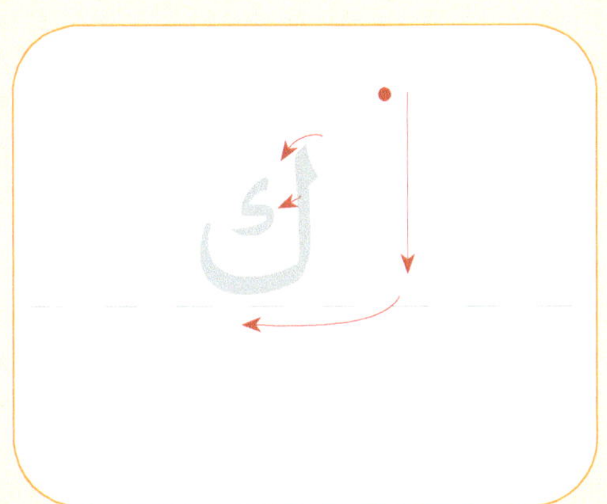

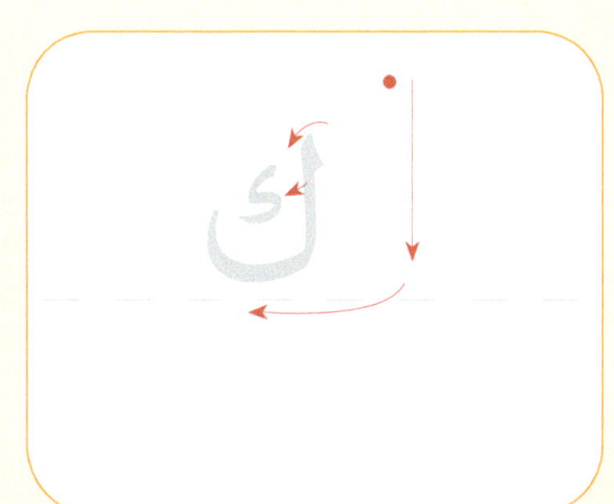

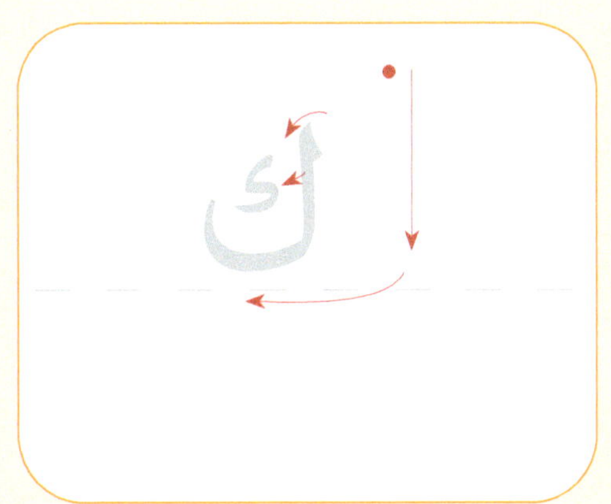

كِتاب

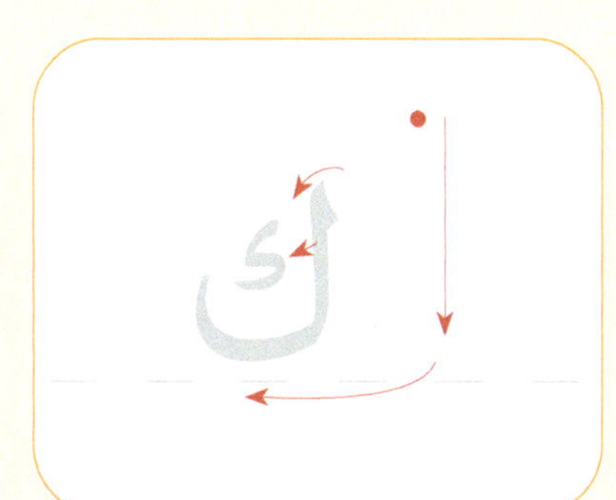

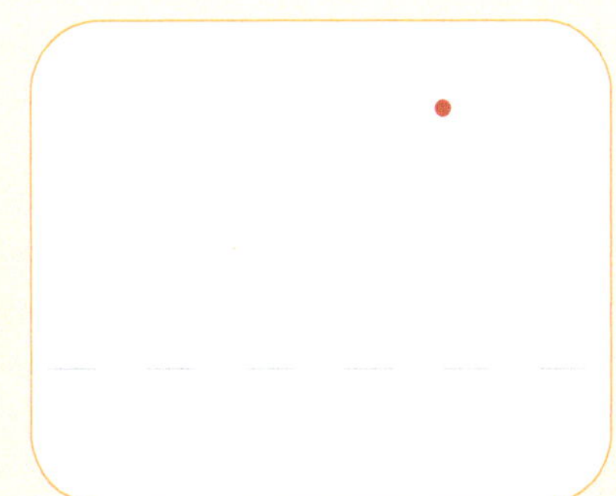

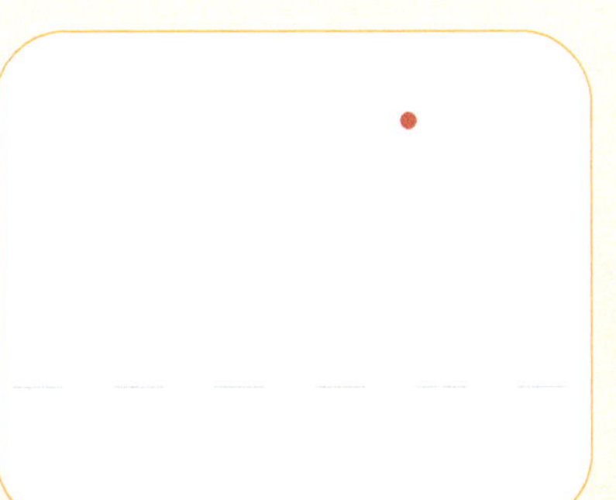

ك

أَصِلُ الحُروفَ الـمُتَشابِهَةَ ثم أُلون :

أَصِلُ الحرفَ مع الصورة المُناسبة:

ل

 ألوِّنُ الدائرةَ الَّتي تَحْتَوي عَلى الحرْفِ ل :

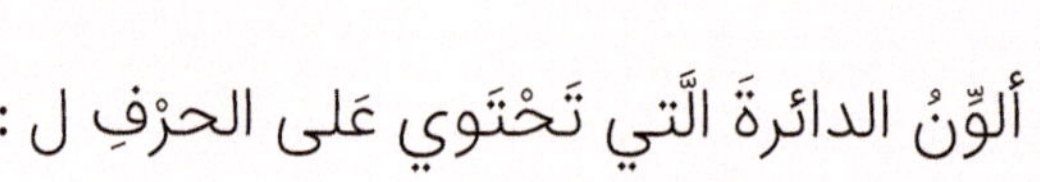

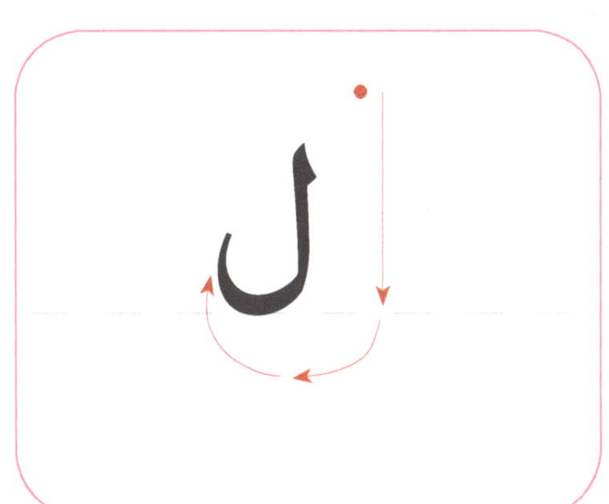
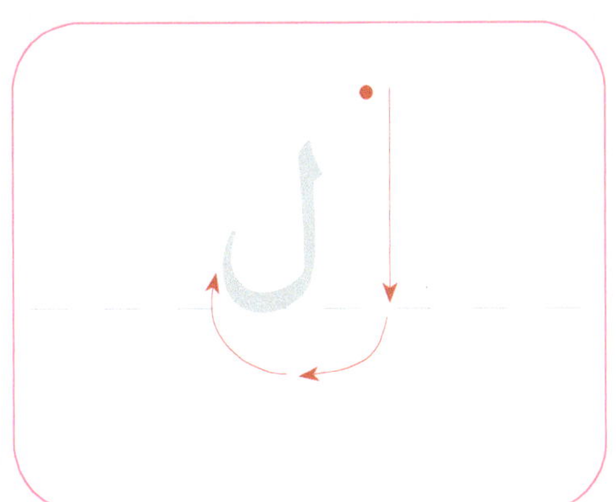

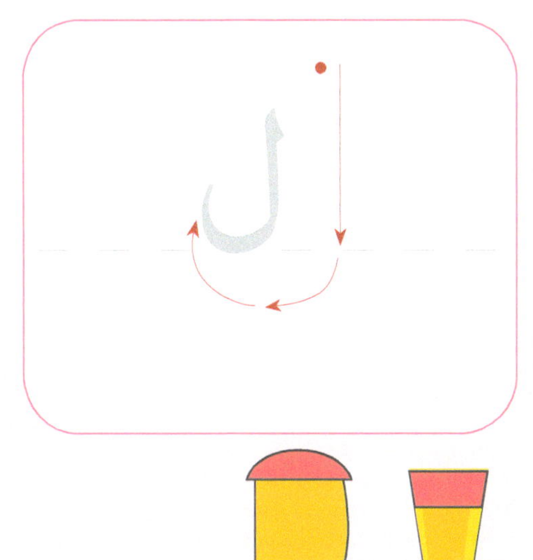
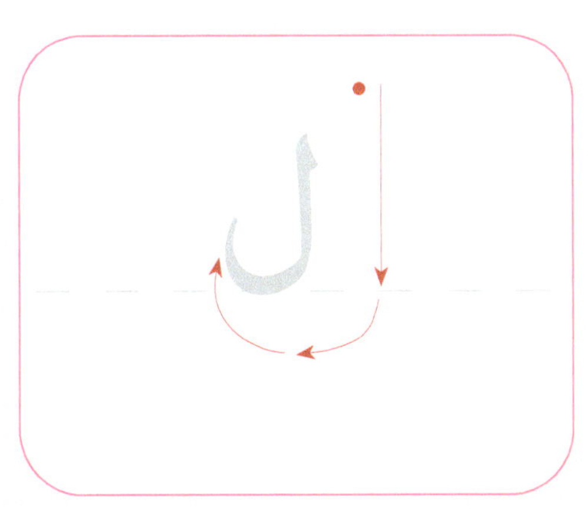

لُعْبَة

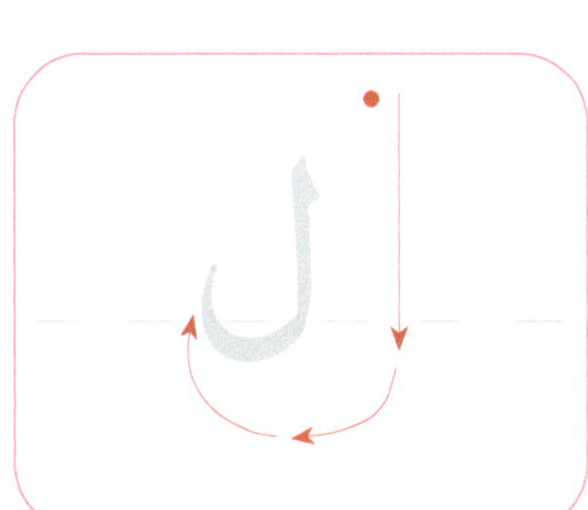
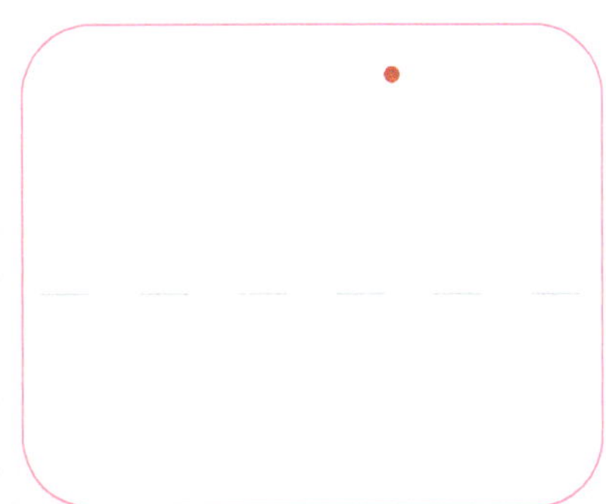
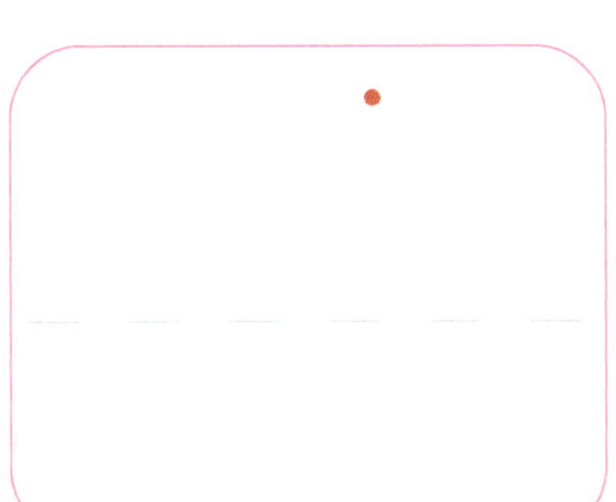

ل

ي

 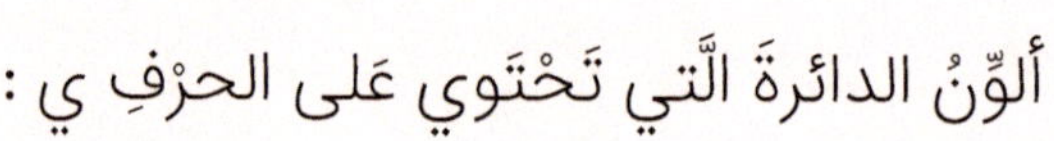

ألوِّنُ الدائرةَ الَّتي تَحْتَوي عَلى الحرْفِ ي :

ي

ي

ي

و

ه

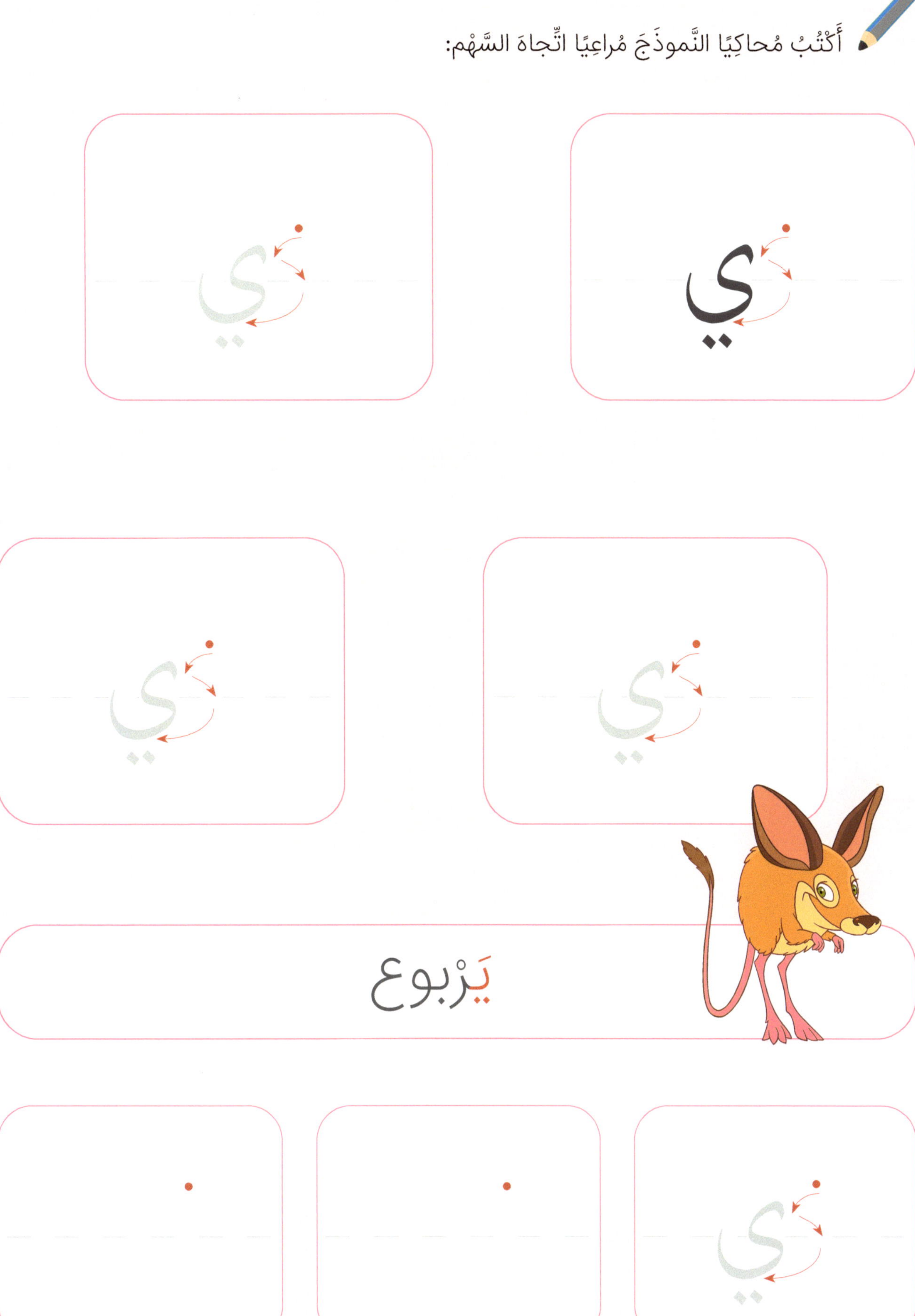

أَكْتُبُ مُحاكِيًا النَّموذَجَ مُراعِيًا اتِّجاهَ السَّهْمِ:

يَرْبوع

م

ماعِزَة

 ألوِّنُ الدائرةَ الَّتي تَحْتَوي عَلى الحرْفِ م :

أَكْتُبُ مُحاكِيًا النَّموذَجَ مُراعِيًا اتِّجاهَ السَّهْم:

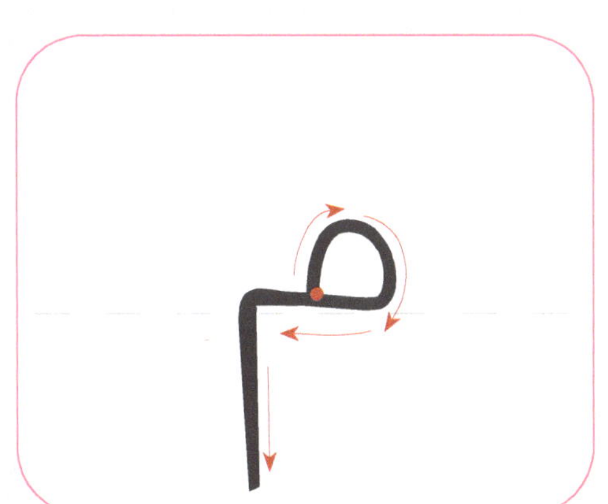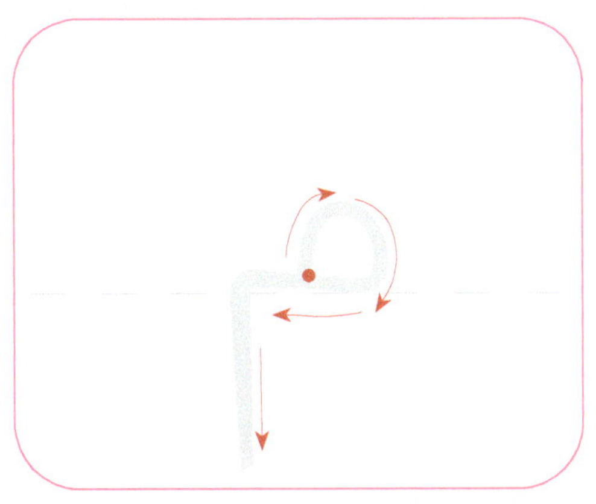

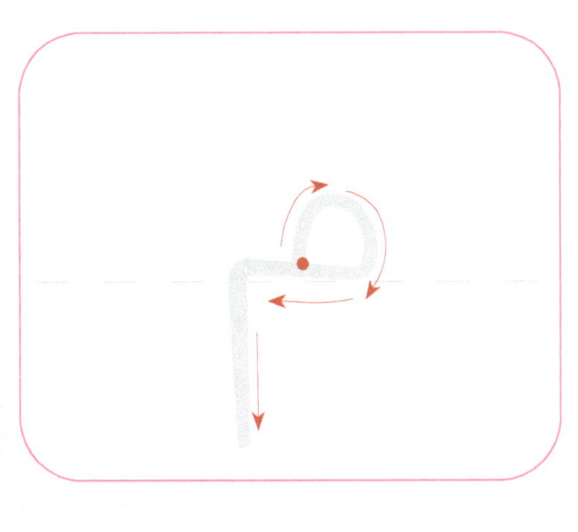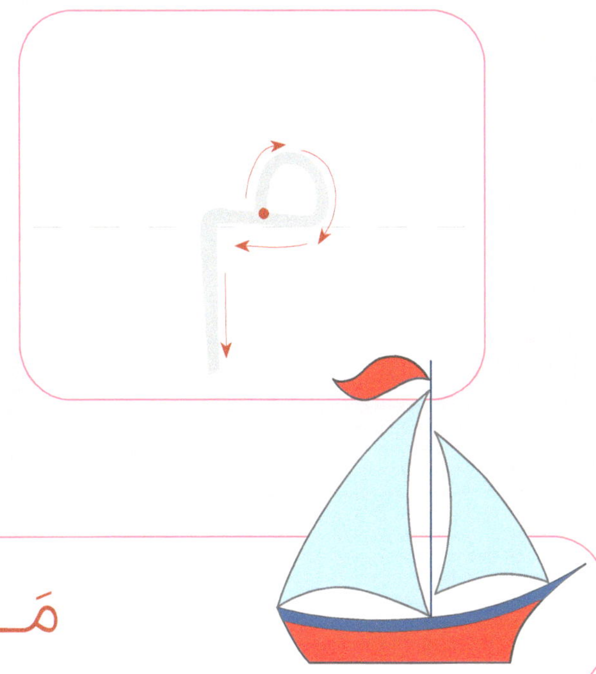

مَرْكَب

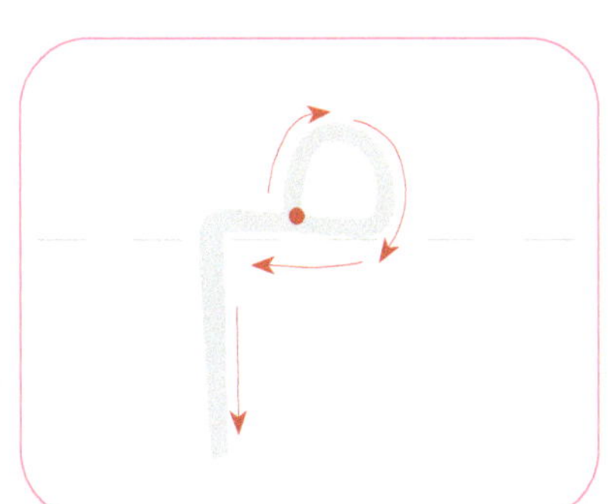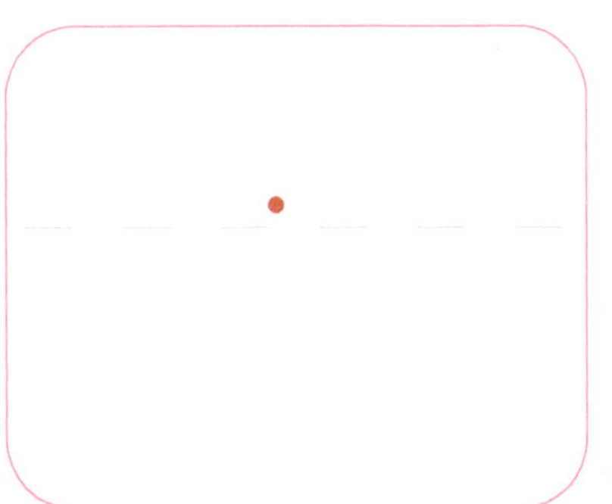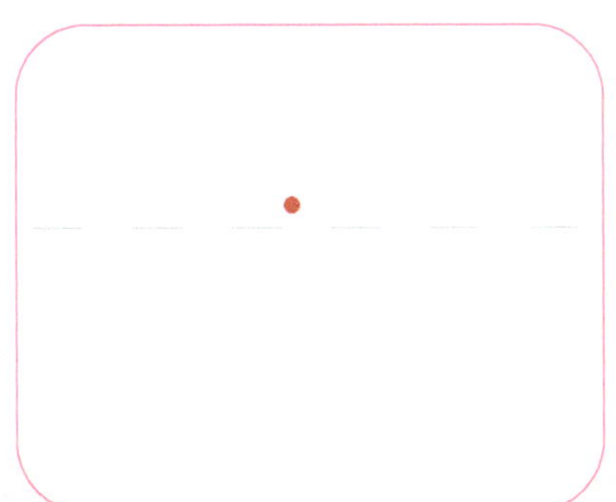

ض

 ألوِّنُ الدّائِرَةَ الَّتي تَحْتَوي عَلى الحَرْفِ ض :

ك

ض

ض

ز

ض

أَكْتُبُ مُحاكِيًا النَّموذَجَ مُراعِيًا اتِّجاهَ السَّهْمِ:

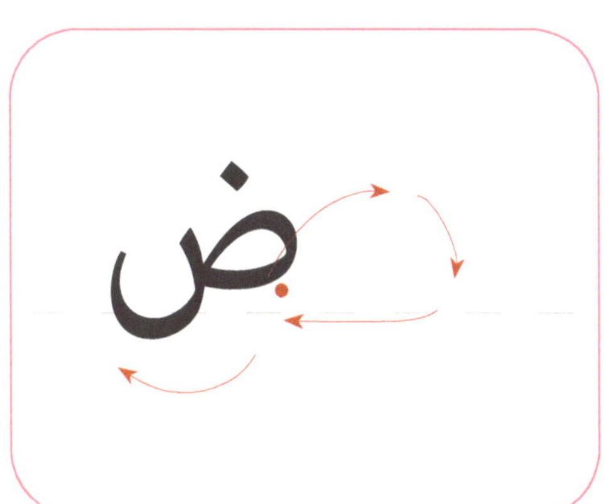
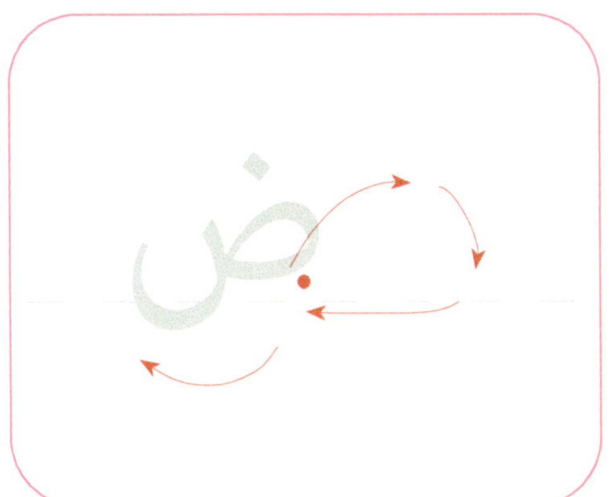

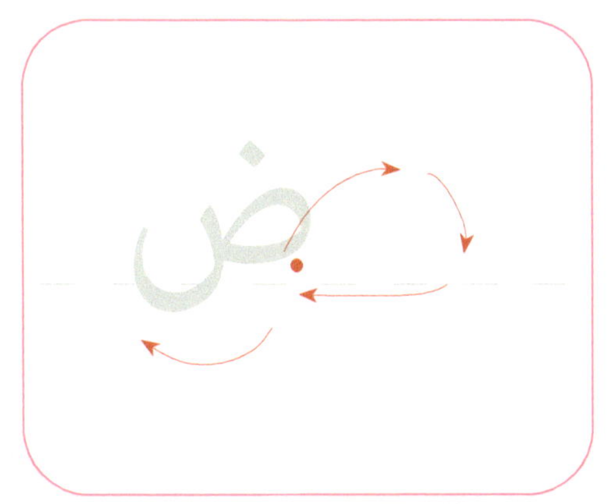
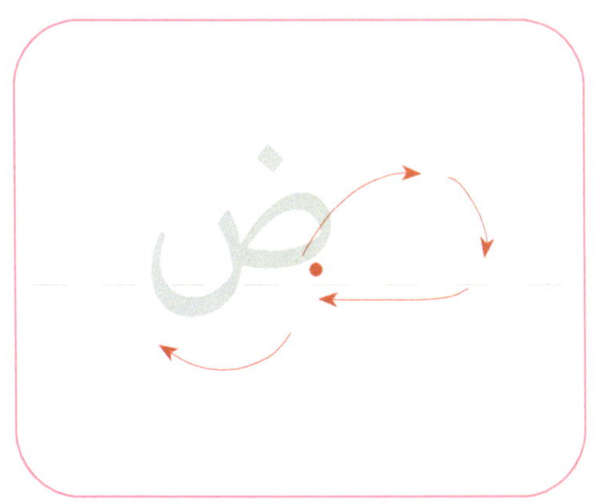

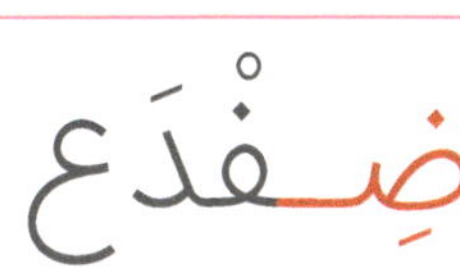
ضِــفْدَع

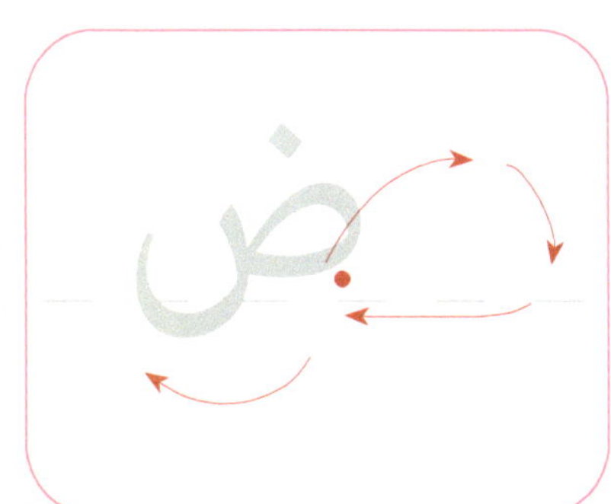
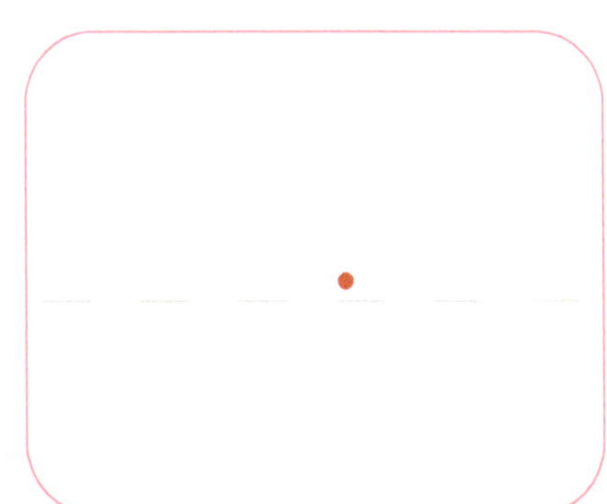
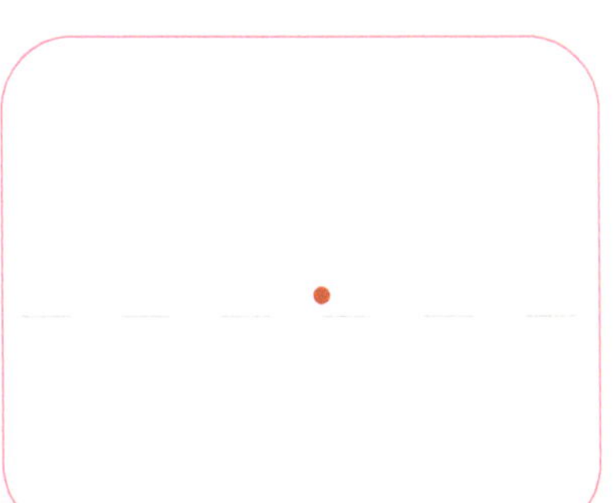

ض

أَصِلُ الحُروفَ الـمُتَشابِهَةَ ثم أُلون :

أَصِلُ الحرفَ مع الصورة المُناسبة:

خَـروف

خ

ألوِّنُ الدائرةَ الَّتي تَحْتَوي عَلى الحرْفِ خ :

خ   خ

ل   خ   ك

أَكْتُبُ مُحاكِيًا النَّموذَجَ مُراعِيًا اتِّجاهَ السَّهْمِ:

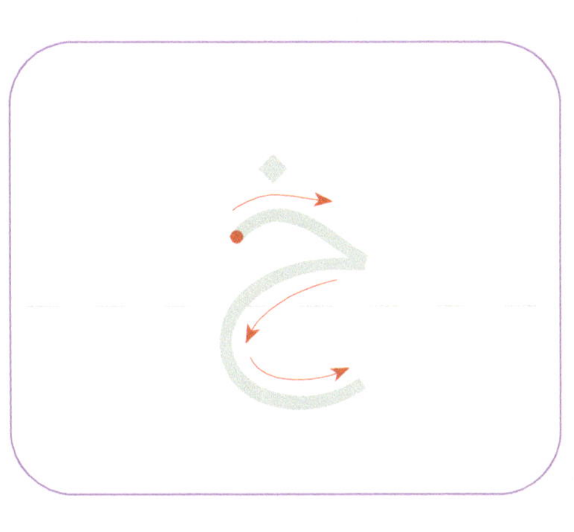

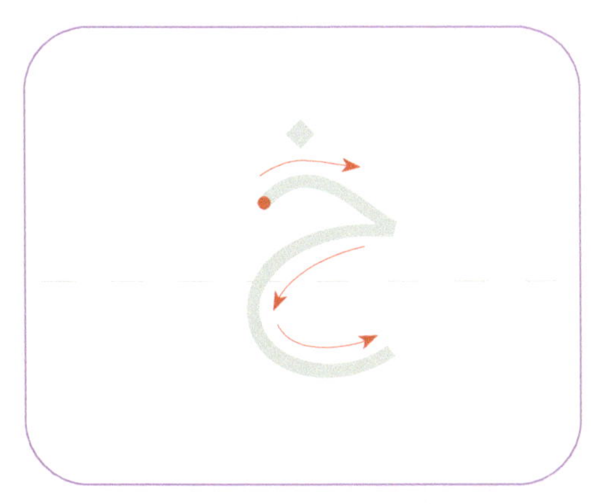

خِيار

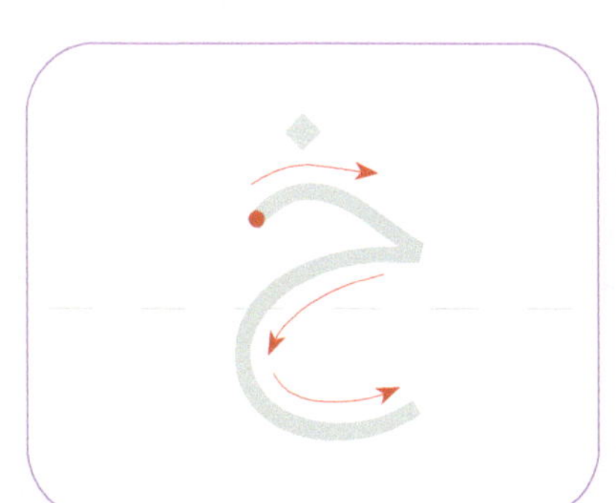

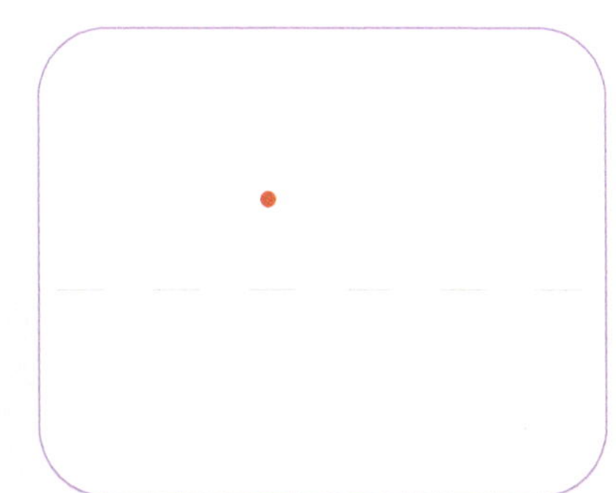

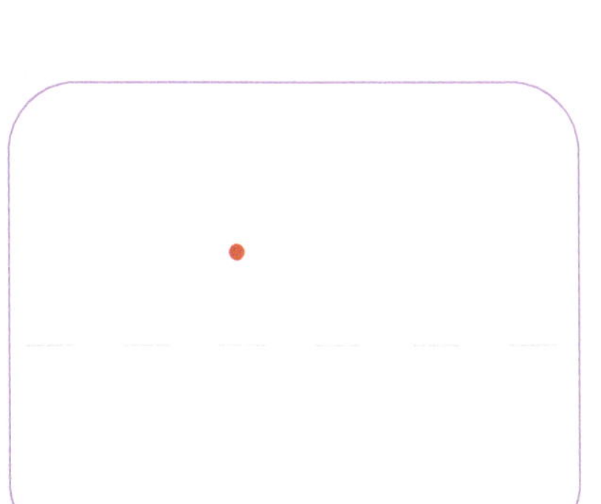

ت

 ألوِّنُ الدائِرَةَ الَّتي تَحْتَوي عَلى الحَرْفِ ت :

أَكْتُبُ مُحاكِيًا النَّموذَجَ مُراعِيًا اتِّجاهَ السَّهْمِ:

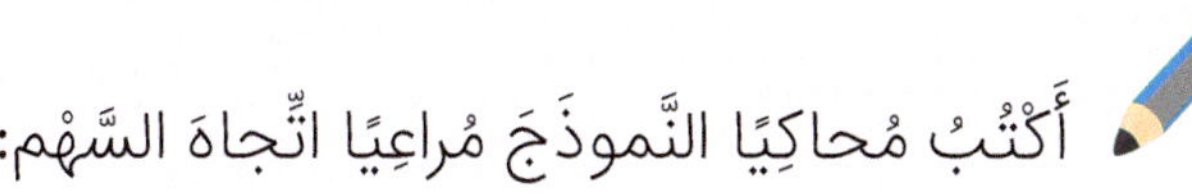

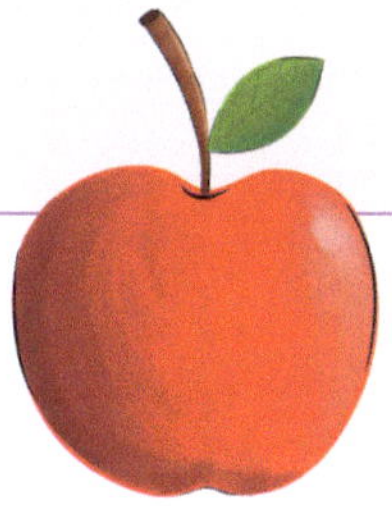

تُفّاح

ل

ألوّنُ الدائرةَ الَّتي تَحْتَوي عَلى الحرْفِ ز :

أَكْتُبُ مُحاكِيًا النَّموذَجَ مُراعِيًا اتِّجاهَ السَّهْمِ:

ص

 ألوِّنُ الدائرةَ الَّتي تَحْتَوي عَلى الحرْفِ ص :

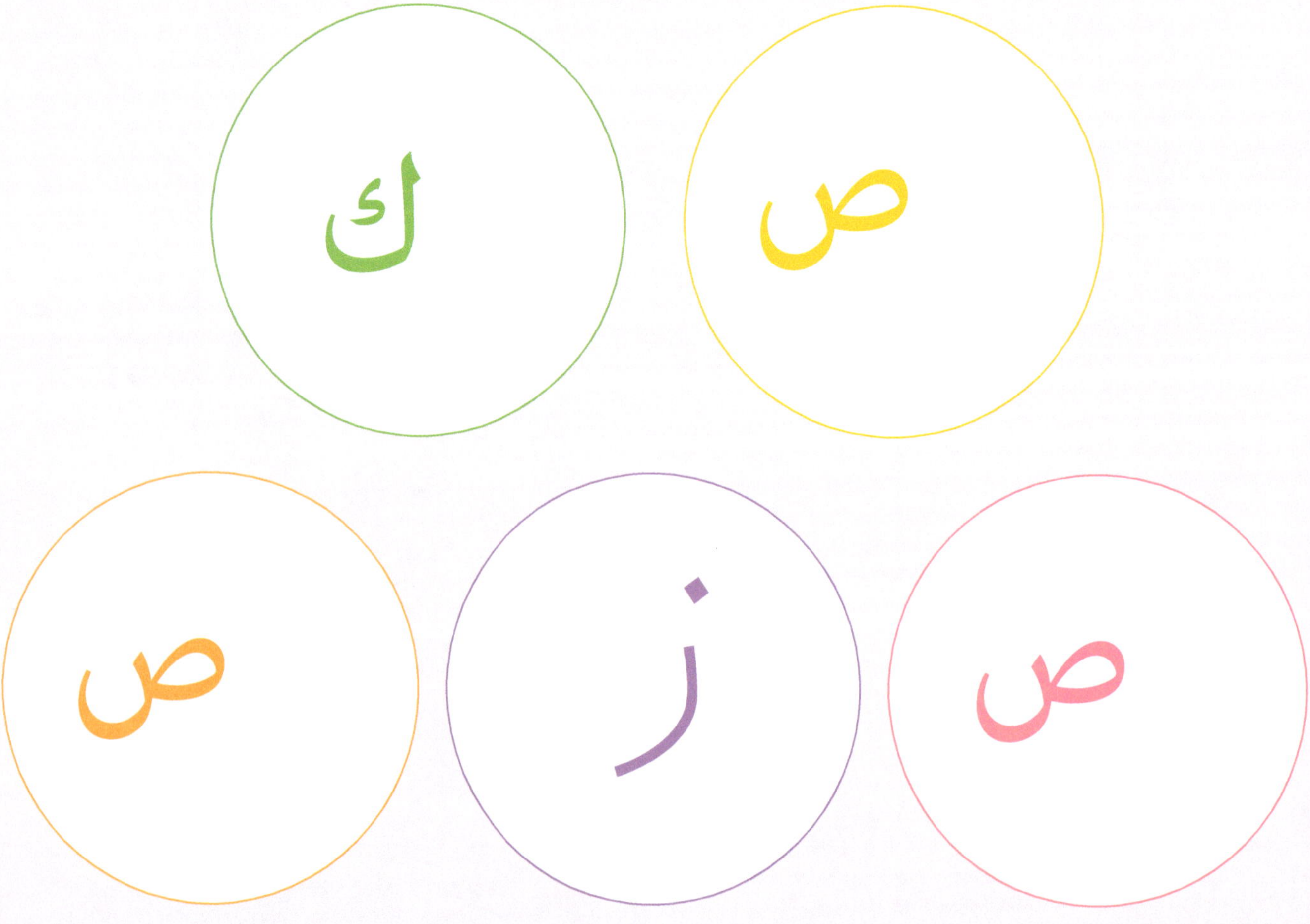

ك

ص

ص

ز

ص

أَكْتُبُ مُحاكِيًا النَّموذَجَ مُراعِيًا اتِّجاهَ السَّهْمِ:

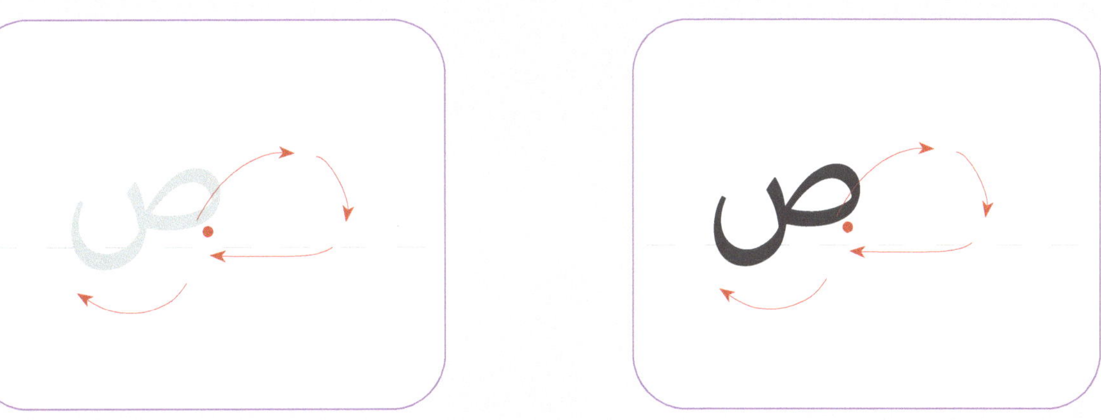

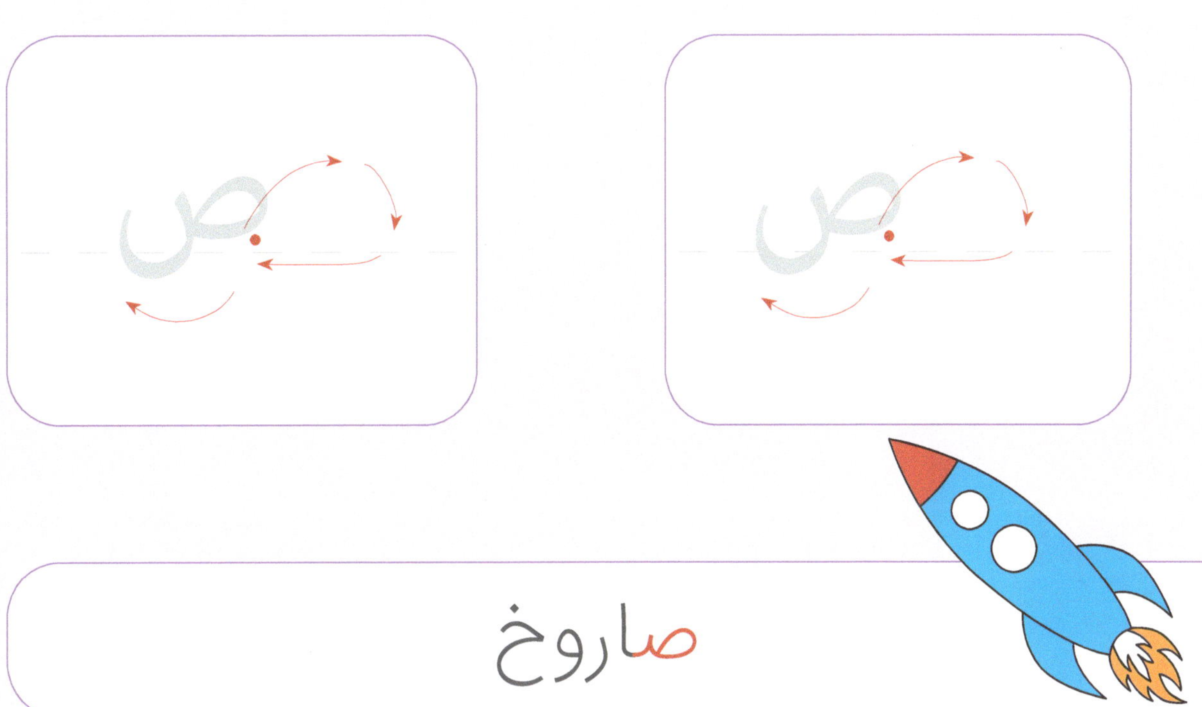

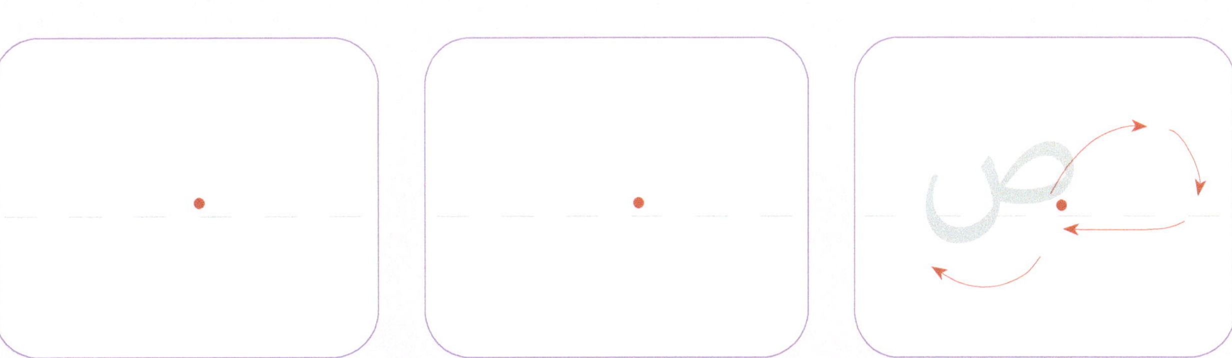

أَصِلُ الحُروفَ الـمُتَشابِهَةَ ثم أُلون : 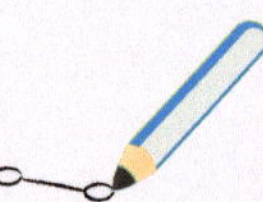   

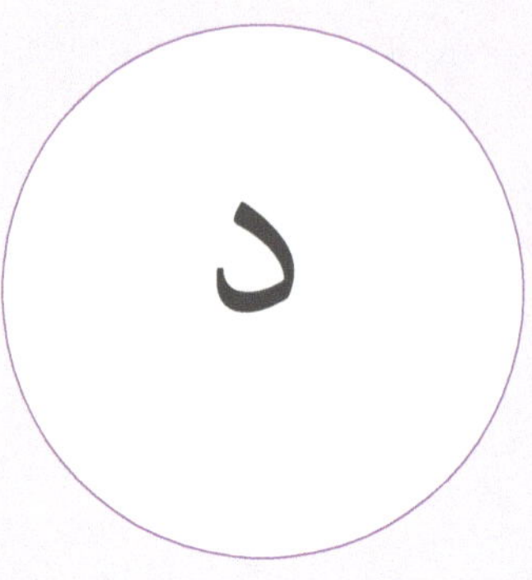

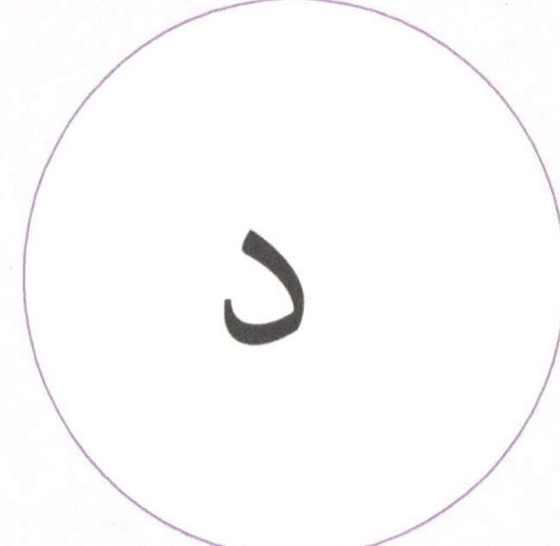

أَصِلُ الحرفَ مع الصورةِ المُناسبة:

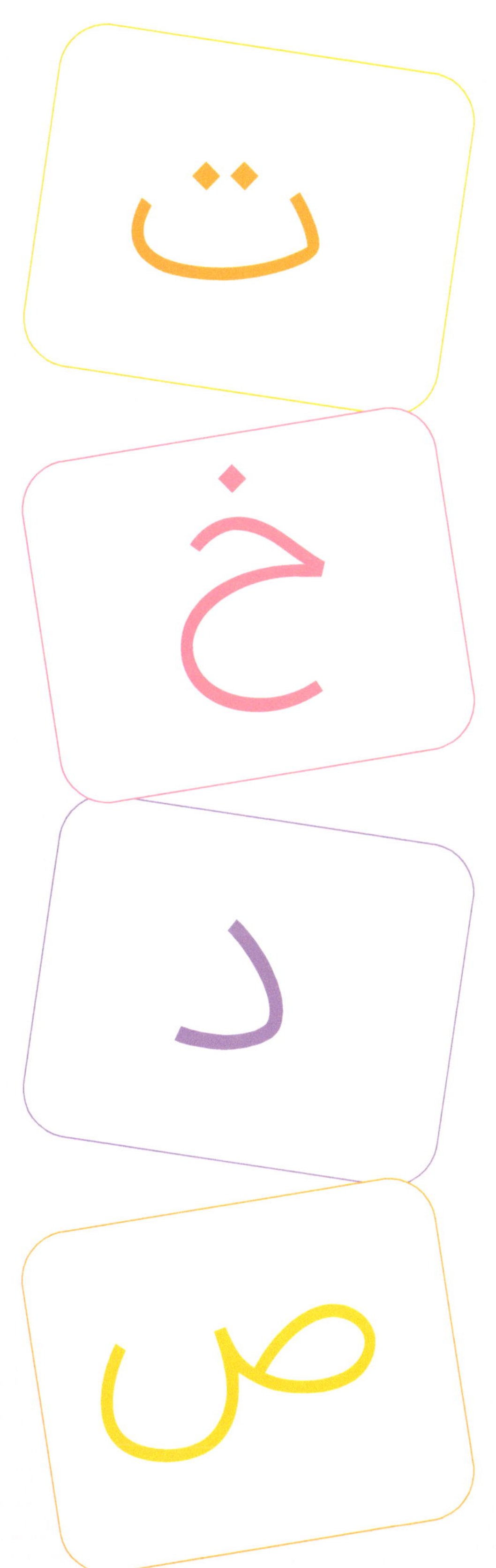

ج

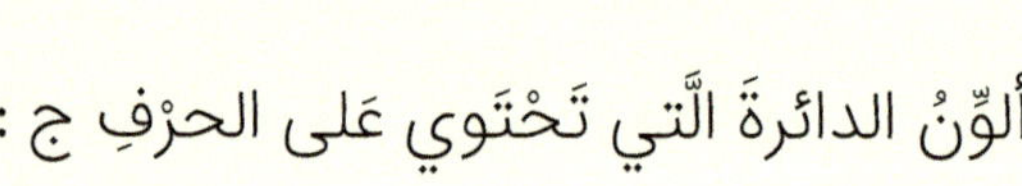 
ألوِّنُ الدائرةَ الَّتي تَحْتَوي عَلى الحرْفِ ج :

ج   ج

ي   ج   ص

أَكْتُبُ مُحاكِيًا النَّموذَجَ مُراعِيًا اتِّجاهَ السَّهْمِ:

جَزَر

س

 أَلوِّنُ الدّائِرَةَ الَّتي تَحْتَوي عَلى الحَرْفِ س :

ك

س

س

ز

س

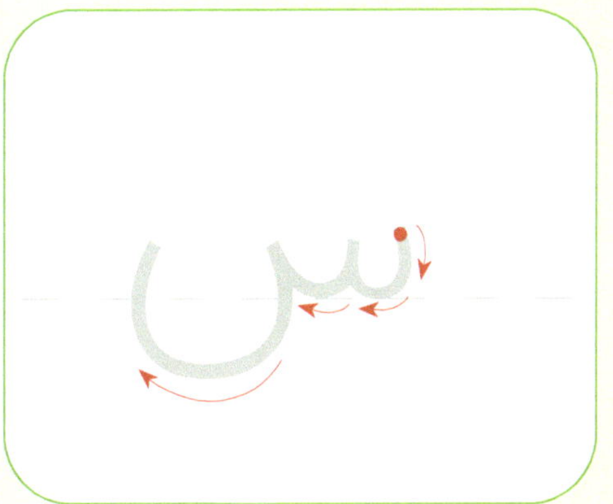

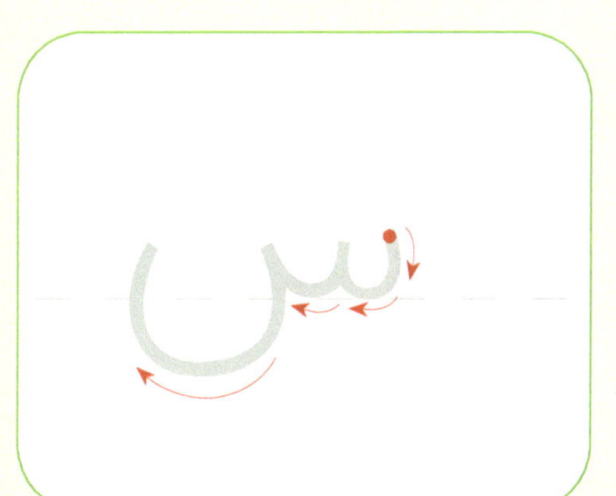

سَـمَكَة

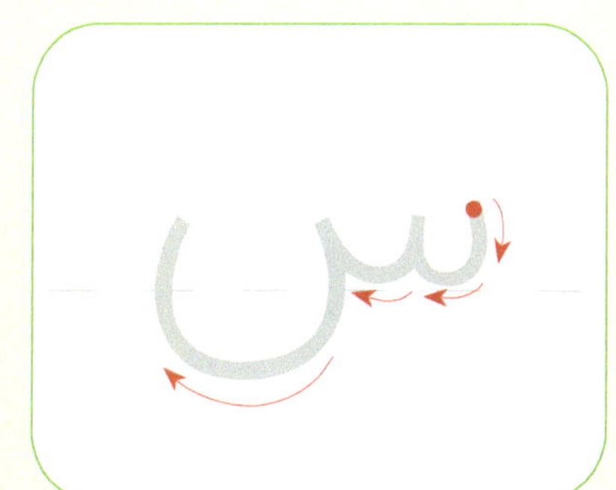
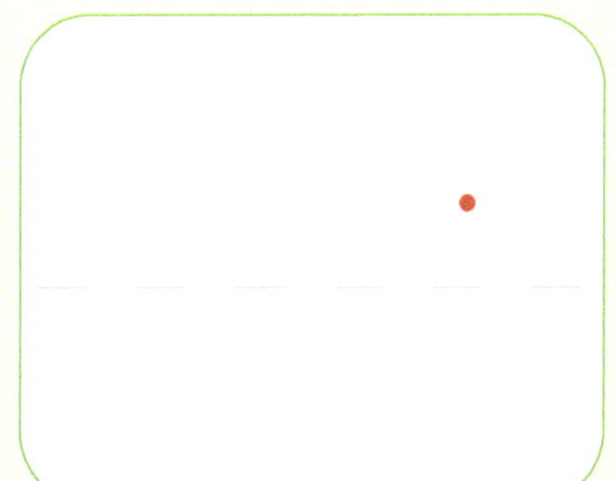
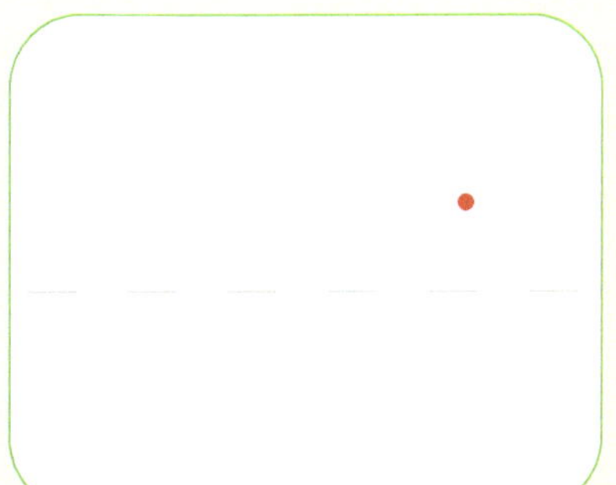

ذ

 ألوِّنُ الدائرةَ الَّتي تَحْتَوي عَلى الحرْفِ ذ :

ذ ن

م خ ذ

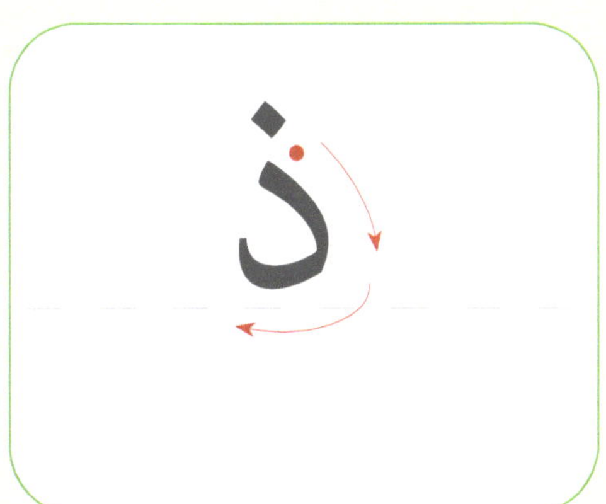
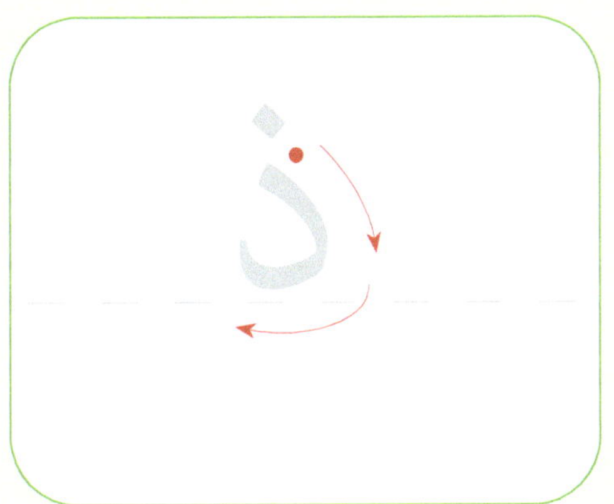

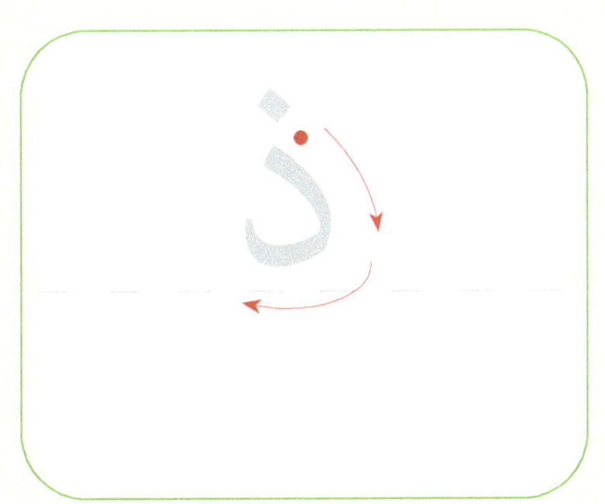

ذُرَة

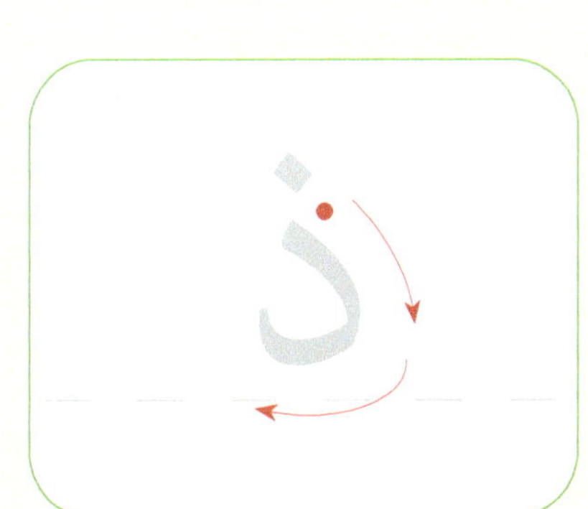
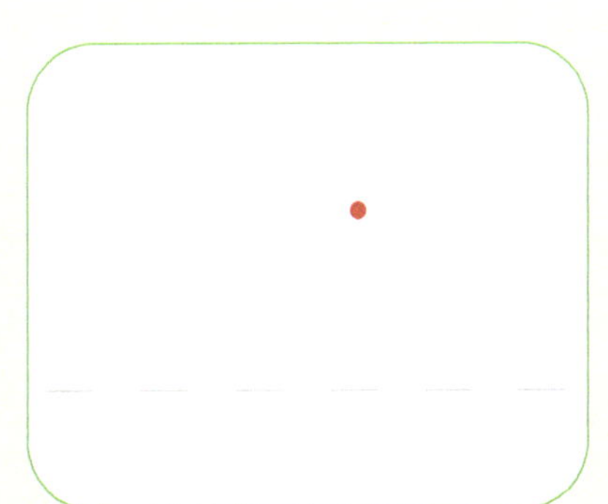
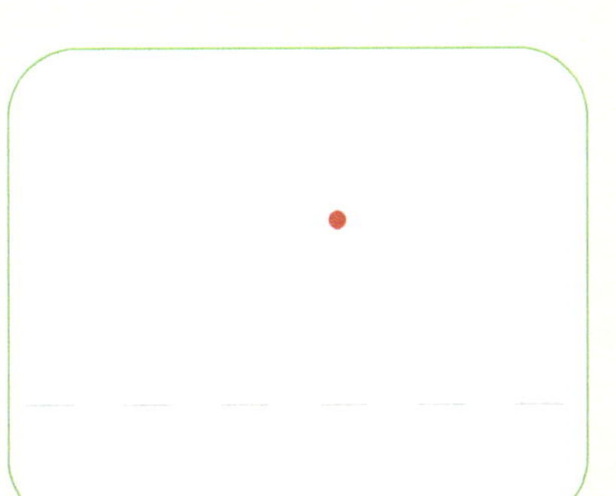

ف

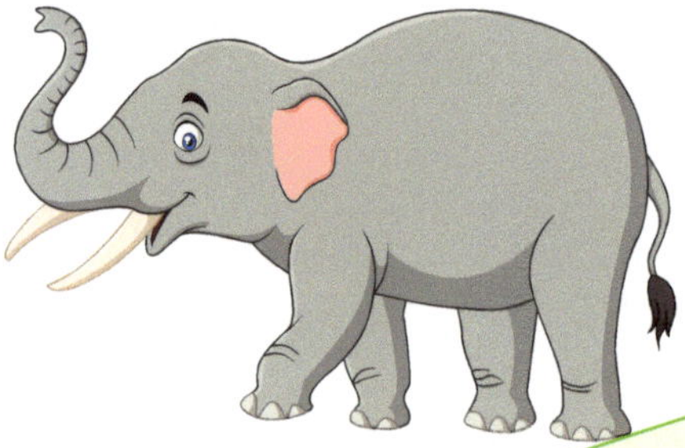

 ألوِّنُ الدائرةَ الَّتي تَحْتَوي عَلى الحرْفِ ف :

م

ف

ف

د

ف

أَكْتُبُ مُحاكِيًا النَّموذَجَ مُراعِيًا اتِّجاهَ السَّهْمِ:

فَراشَة

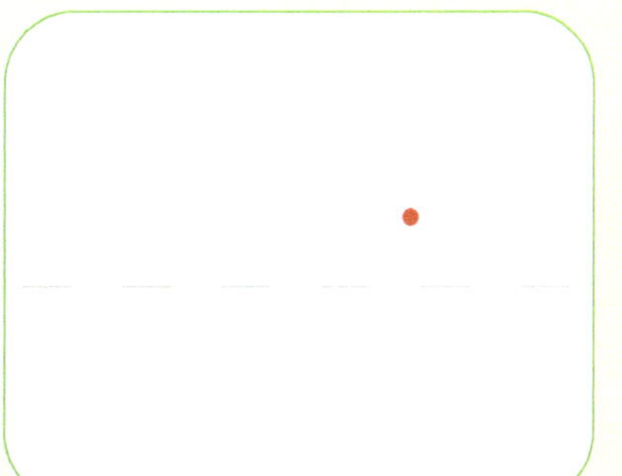

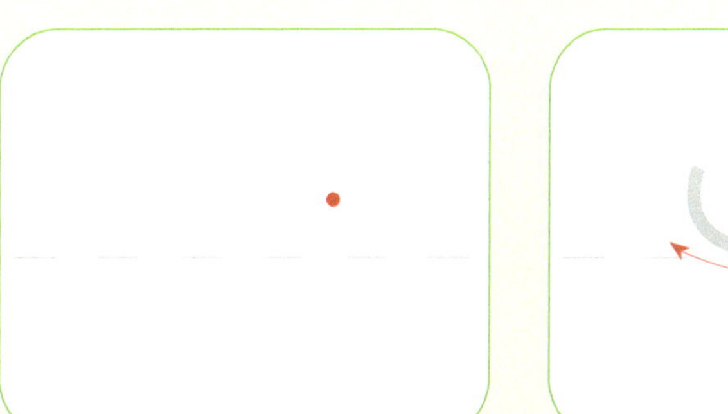

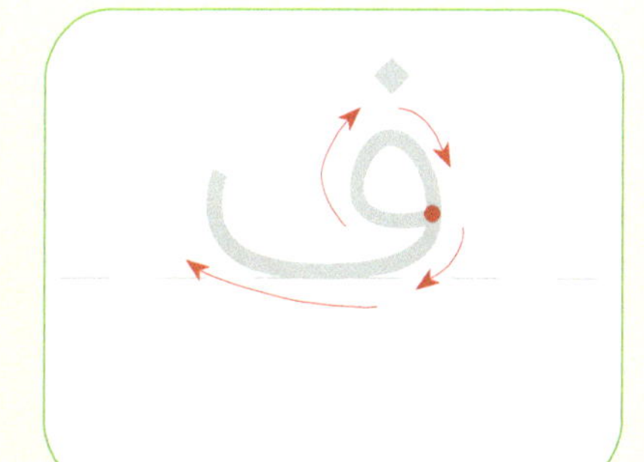

أَصِلُ الحُروفَ الـمُتَشابِهَةَ ثم أُلون :     

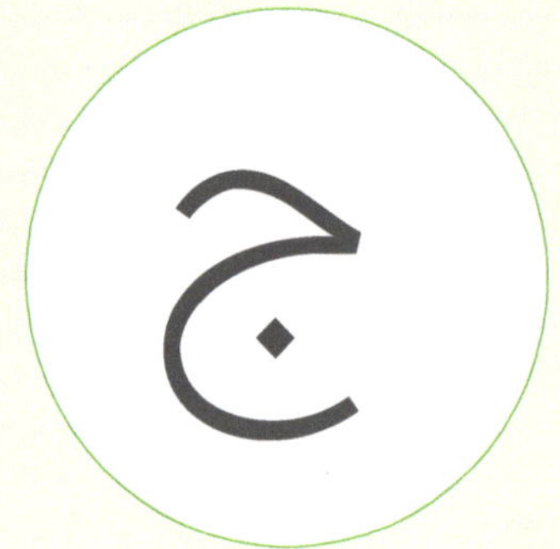

أَصِلُ الحرفَ مع الصورةِ المُناسبة:

ح

ألوِّنُ الدائرةَ الَّتي تَحْتَوي عَلى الحرْفِ ح :

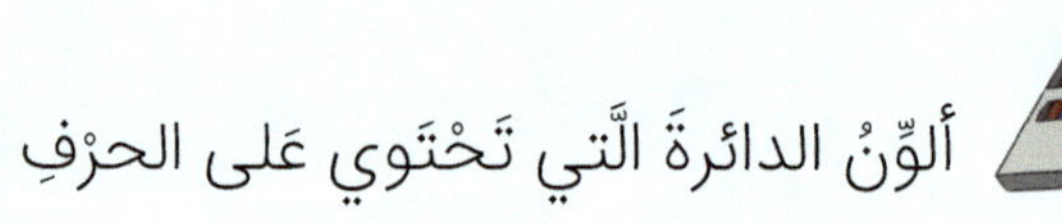

أَكْتُبُ مُحاكِيًا النَّموذَجَ مُراعِيًا اتِّجاهَ السَّهْم:

ع

عُصْفور

ألوِّنُ الدائرةَ الَّتي تَحْتَوي عَلى الحرْفِ ع :

خ

ع

ع

ع

ف

أَكْتُبُ مُحاكِيًا النَّموذَجَ مُراعِيًا اتِّجاهَ السَّهْمِ:

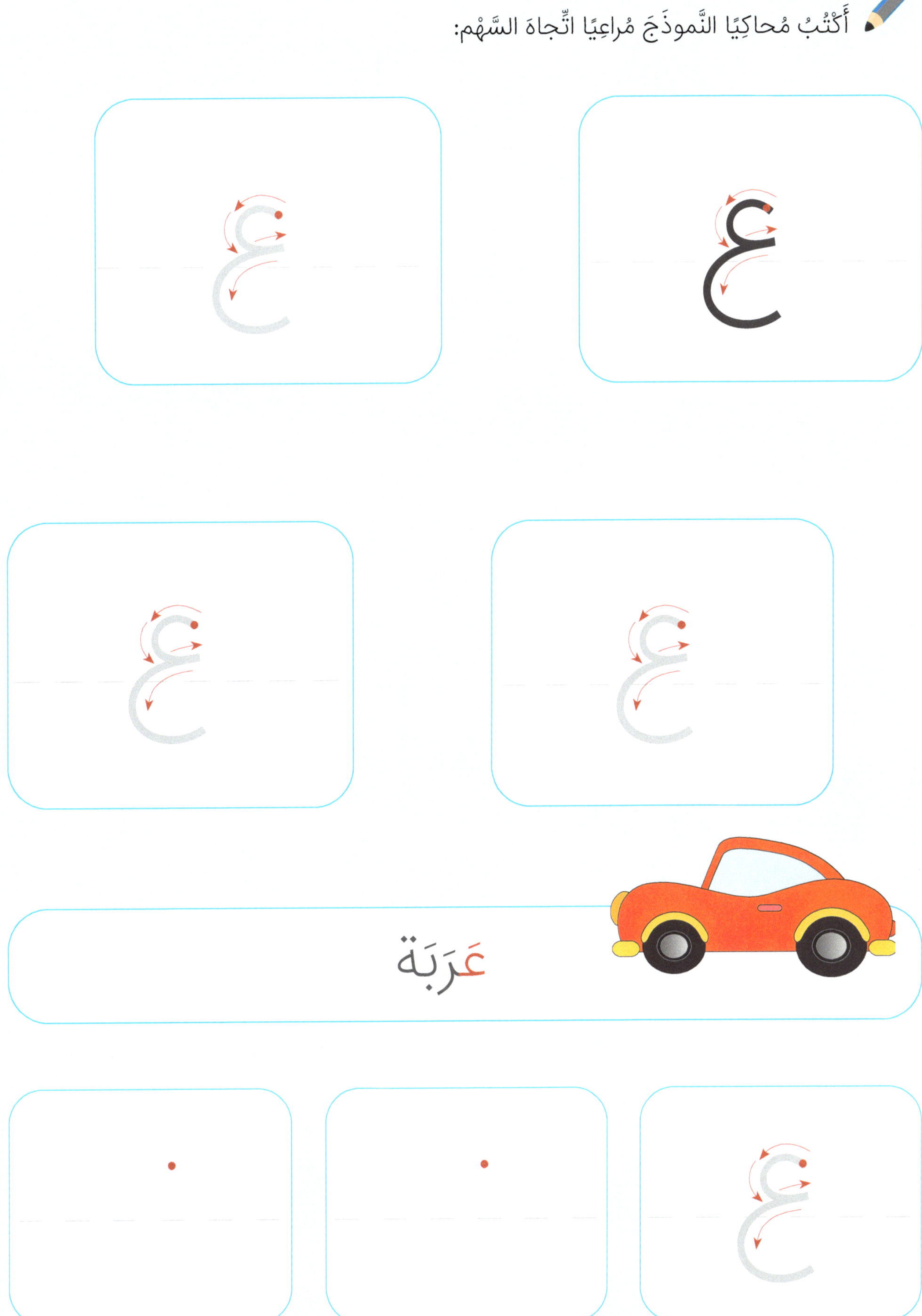

ألوِّنُ الدائِرَةَ الَّتي تَحْتَوي عَلى الحَرْفِ ق :

أَكْتُبُ مُحاكِيًا النَّموذَجَ مُراعِيًا اتِّجاهَ السَّهْم:

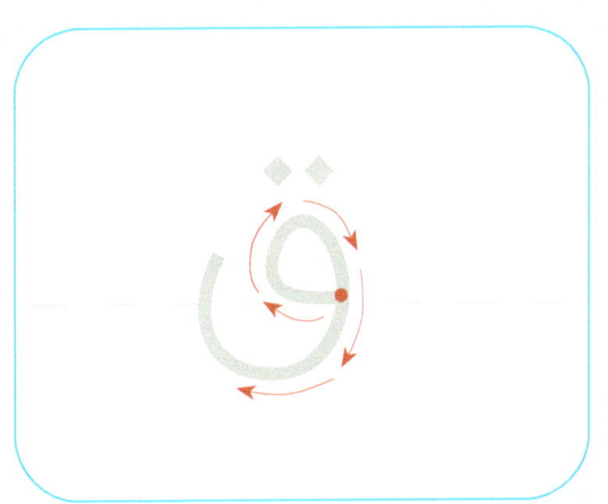

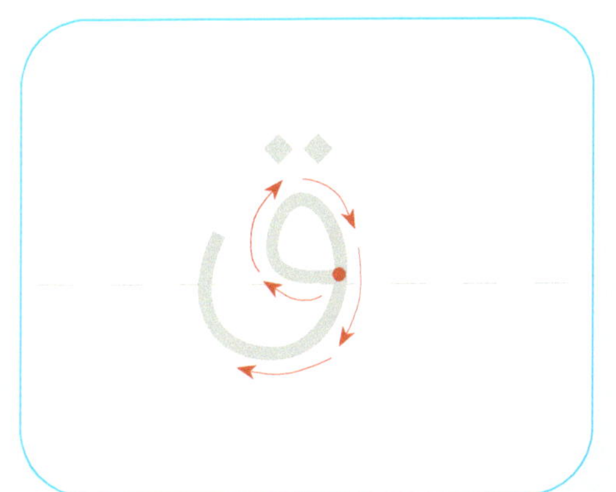

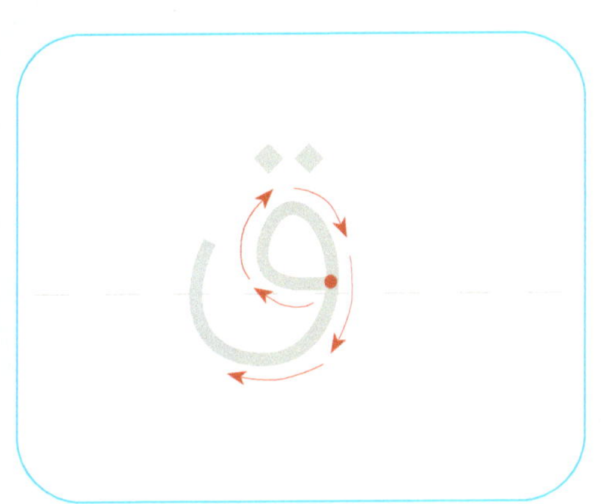

قِطار

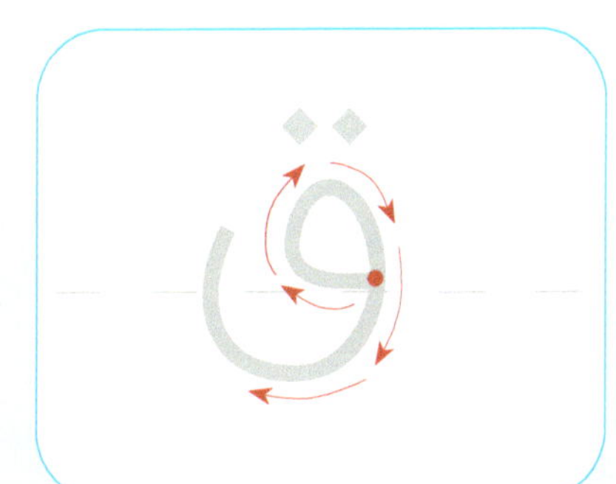

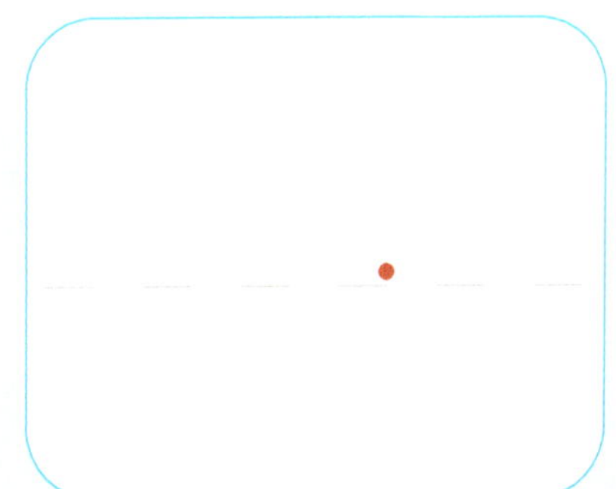

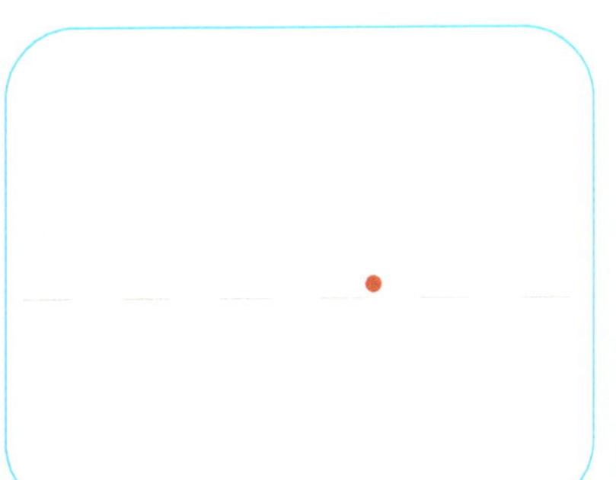

ط

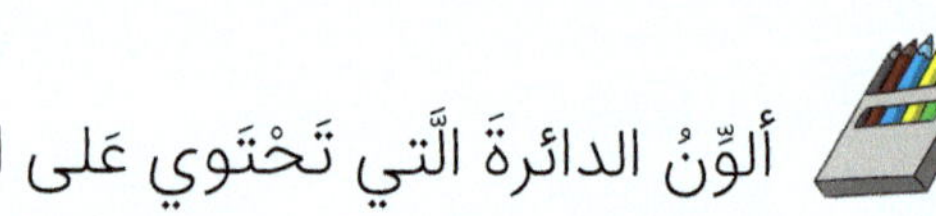
ألوّنُ الدائرَةَ الَّتي تَحْتَوي عَلى الحرْفِ ط :

ط

ي

ط

ك

ط

أَكْتُبُ مُحاكِيًا النَّموذَجَ مُراعِيًا اتِّجاهَ السَّهْمِ:

طائِرَة

ط

أَصِلُ الحُروفَ الـمُتَشابِهَةَ ثم أُلون :

أَصِلُ الحرفَ مع الصورة المُناسبة:

ظ

 أَلوِّنُ الدّائِرةَ الَّتي تَحْتَوي عَلى الحَرْفِ ظ :

ظ   ظ

ص   خ   ظ

أَكْتُبُ مُحاكِيًا النَّموذَجَ مُراعِيًا اتِّجاهَ السَّهْمِ:

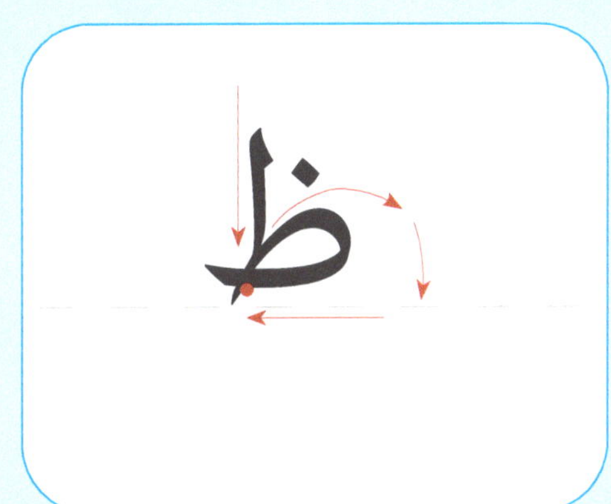

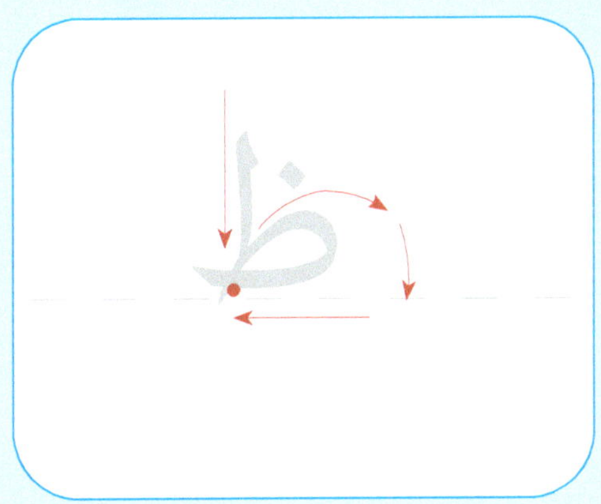

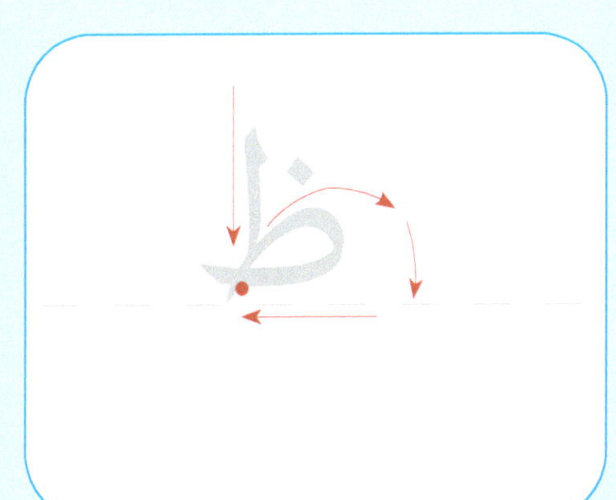

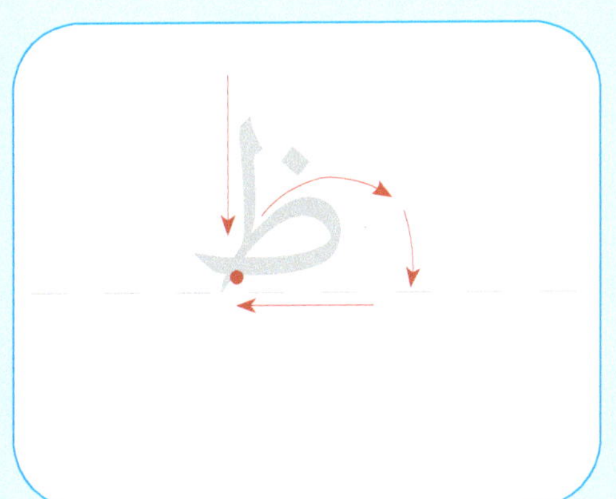

ظَرُبان 

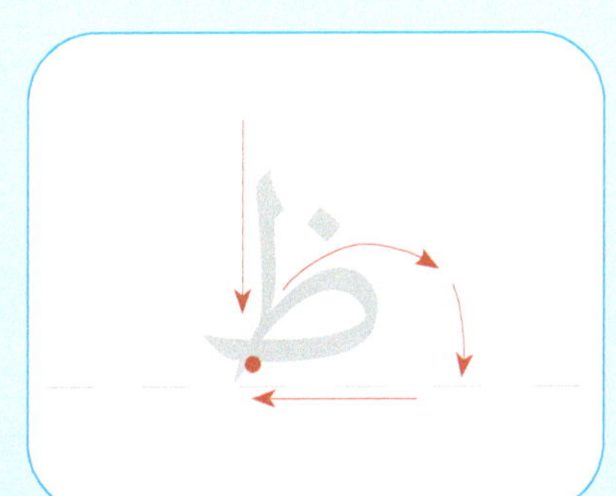

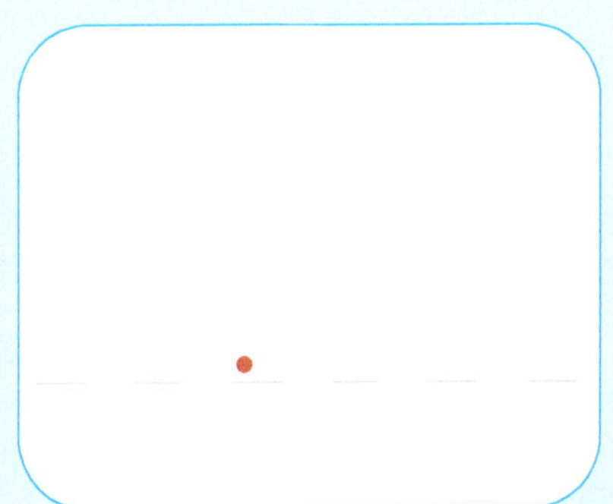

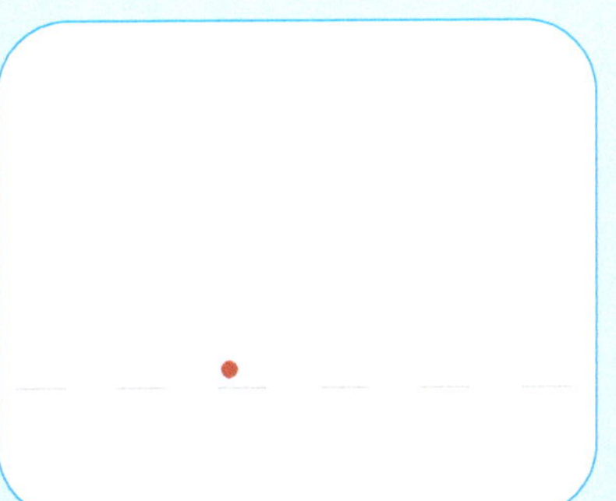

ش

أَلَوِّنُ الدائِرَةَ الَّتي تَحْتَوي عَلى الحَرْفِ ش :

أَكْتُبُ مُحاكِيًا النَّموذَجَ مُراعِيًا اتِّجاهَ السَّهْمِ:

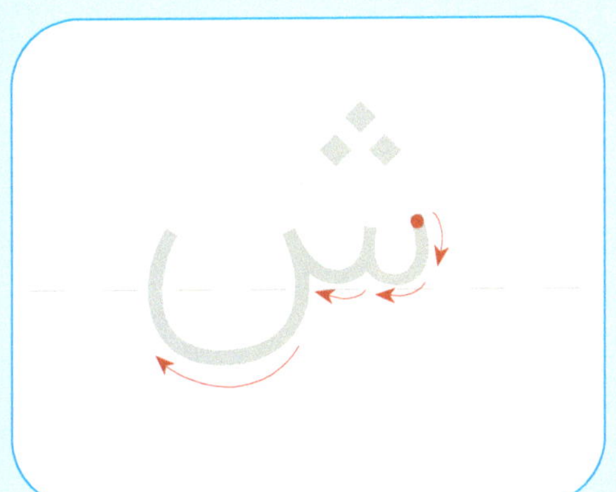

شَمْس

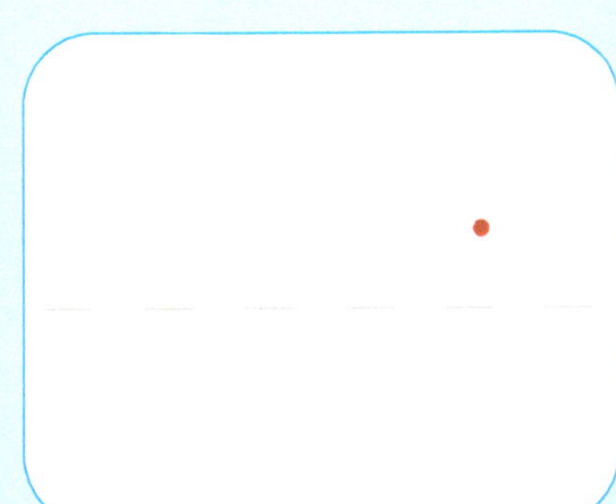

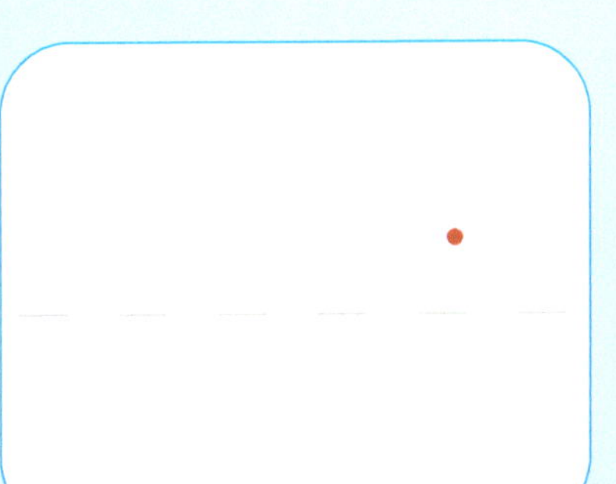

ث

 ألوّنُ الدائرةَ الّتي تَحْتَوي عَلى الحَرْفِ ث :

ث

ر

ث

أ

ث

أَكْتُبُ مُحاكِيًا النَّموذَجَ مُراعِيًا اتِّجاهَ السَّهْم:

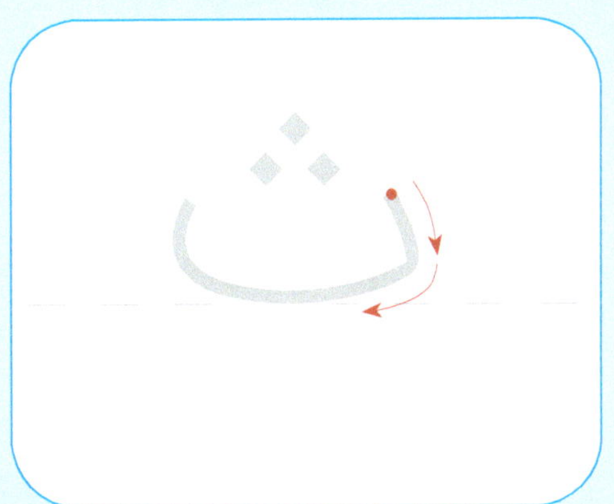

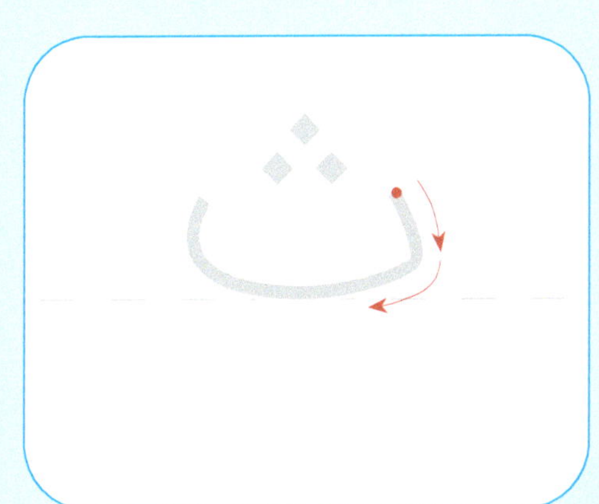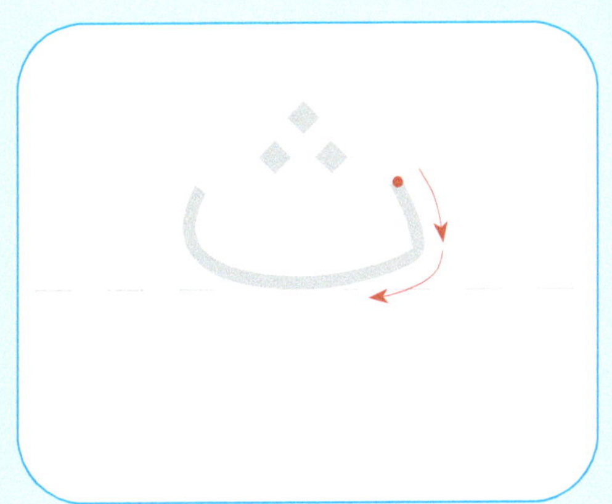

ثَوْر

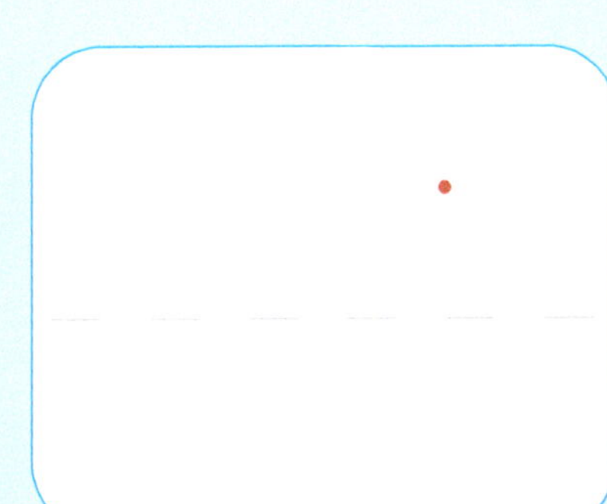

غ

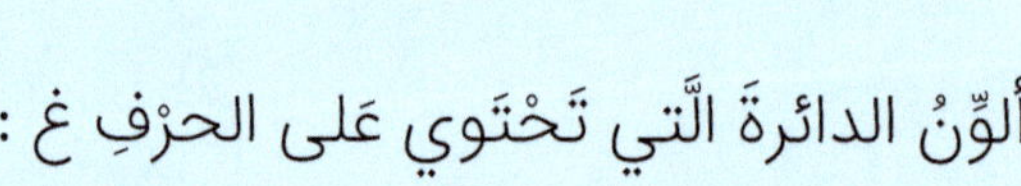

ألوّنُ الدائرةَ الّتي تَحْتَوي عَلى الحَرْفِ غ :

غ

س

غ

ط

غ

أَكْتُبُ مُحاكِيًا النَّموذَجَ مُراعِيًا اتِّجاهَ السَّهْم:

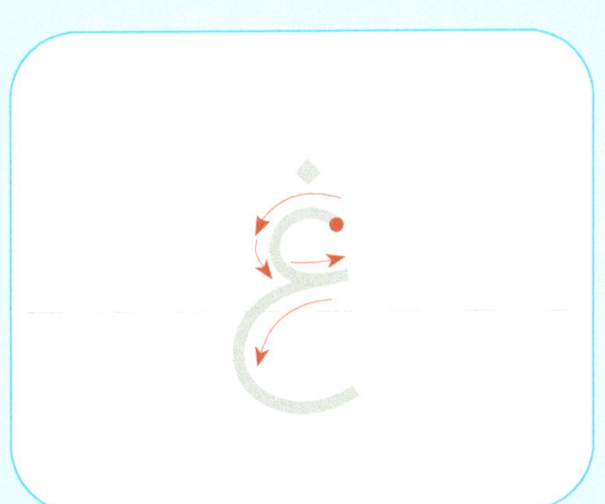

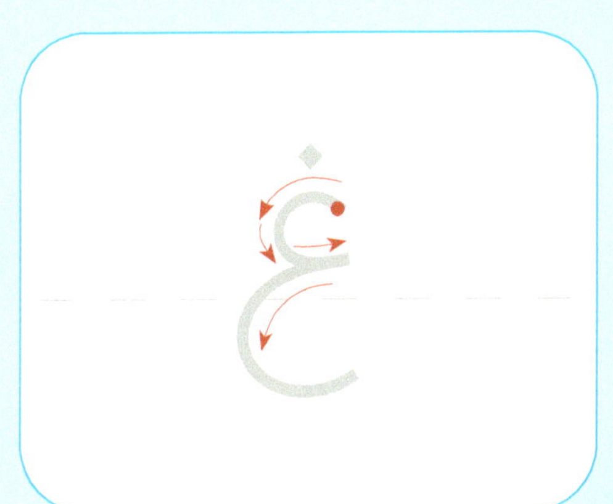

غُراب

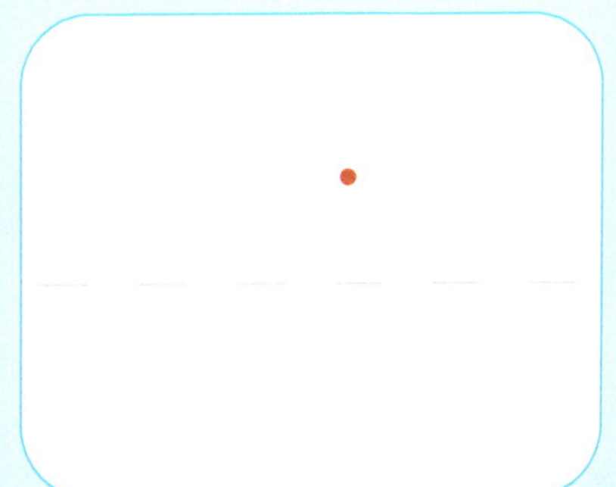

أَصِلُ الحُروفَ الـمُتَشابِهَةَ ثم أُلون : ظ ش ث غ

ش	غ
ث	ش
ظ	ث
غ	ظ

أَصِلُ الحرفَ مع الصورةِ المُناسبة: